国家自然科学基金面上项目（72373146）
国家自然科学基金青年项目（71903187）
中国农业科学院科技创新工程（10-IAED-01-2024）

LARGE GRAIN GROWERS'

Operating Behaviors and
Risk Mitigation Mechanism

粮食规模户经营行为调整
与风险化解机制研究

普蕙喆 ◎ 著

中国财经出版传媒集团

经济科学出版社
Economic Science Press
·北京·

图书在版编目（CIP）数据

粮食规模户经营行为调整与风险化解机制研究／普
蕙喆著. -- 北京：经济科学出版社，2024.11.
ISBN 978 - 7 - 5218 - 6454 - 0

Ⅰ. F326.11

中国国家版本馆 CIP 数据核字第 2024DC4786 号

责任编辑：初少磊　尹雪晶
责任校对：孙　晨
责任印制：范　艳

粮食规模户经营行为调整与风险化解机制研究

LIANGSHI GUIMOHU JINGYING XINGWEI TIAOZHENG
YU FENGXIAN HUAJIE JIZHI YANJIU

普蕙喆　著

经济科学出版社出版、发行　新华书店经销
社址：北京市海淀区阜成路甲 28 号　邮编：100142
总编部电话：010 - 88191217　发行部电话：010 - 88191522
网址：www.esp.com.cn
电子邮箱：esp@esp.com.cn
天猫网店：经济科学出版社旗舰店
网址：http://jjkxcbs.tmall.com
北京季蜂印刷有限公司印装
710×1000　16 开　13.25 印张　170000 字
2024 年 11 月第 1 版　2024 年 11 月第 1 次印刷
ISBN 978 - 7 - 5218 - 6454 - 0　定价：55.00 元
（图书出现印装问题，本社负责调换。电话：010 - 88191545）
（版权所有　侵权必究　打击盗版　举报热线：010 - 88191661
QQ：2242791300　营销中心电话：010 - 88191537
电子邮箱：dbts@esp.com.cn）

序

在百年未有之大变局下，粮食安全已成为国际社会广泛关注的重大议题。作为一个人口众多的大国，中国面临着保障粮食安全的艰巨任务。随着经济发展和社会进步，中国的农业结构正在经历深刻的变革，粮食规模户的崛起，为确保国家粮食安全提供了新的动力。本书正是在这一背景下，对中国粮食规模户的角色、面临的挑战及风险管理进行了深入探讨，具有重要的理论价值和实践意义。

在国家粮食安全的战略布局中，粮食规模户的作用不容忽视。他们不仅承担着保障粮食供给的重任，还在推动农业现代化转型、促进农村经济发展方面发挥着示范引领作用。粮食规模户通过集中连片的土地经营，显著提高了农业生产效率和粮食产量。这种规模化经营不仅有助于优化资源配置，还能更好地应用现代农业科技，推广绿色种植技术，提升农产品质量和市场竞争力。

然而，粮食规模户的发展也面临挑战。在复杂的市场环境下，粮食规模户发展面临诸多不确定性。本书以收储制度改革后市场环境波动时期为切入点，分析改革对规模户经营行为的影响，指出了政策变迁下规模户面临的挑战。收储制度改革虽然有助于市场机制更好地发挥作用，但短期内却给规模户带来了不确定性，影响其种植决策和投资意愿。一方面，改革促使规模户调整种植结构，减少玉米种植面积，甚至有部分农户选择退出或缩小经营规模。另一方面，改革也激发了一部分规模户创新求变，通过多元化经营等方式，增强自身抵御市场波动的能力。

面对复杂多变的市场环境，社会化服务成为粮食规模户应对风险的重要途径。通过技术支持、农机服务、金融保障、农资供应以及市场营销等多层次服务供给，社会化服务体系为规模户提供了全方位的保障。这不仅有助于规模户应对技术、机械、市场等方面的挑战，还能提升他们的生产效率，降低经营风险。粮食规模户提供社会化服务也使其经营更加多元化，通过服务收益反哺粮食生产，不仅有助于稳定粮食生产，也为规模户的长远发展奠定坚实基础。

值得一提的是，本书开展了深入的案例分析和国外经验分析。基于作者的长期追踪调研，本书分析了八位代表性的粮食规模户，生动展示了中国粮食规模户在面对市场和政策变动时的不同应对策略。这些案例不仅揭示了规模户在复杂经营环境中的真实情况，也为开展学术研究提供了鲜活的素材。本书还深入分析了美国农场的风险管理经验。美国农场通过政府与市场的协同作用，建立了较为完善的风险防控体系，包括价格支持、收入保险等多种形式，为农场主提供了全面的风险保障。这些成功的做法，对于完善我国的农业风险管理体系具有重要参考价值。可以借鉴国外先进经验，结合我国国情，探索适合我国粮食规模户的风险管理路径。

本书是对作者过去一段时间研究成果的总结。作者长期关注粮食安全问题，除开展案头研究工作以外，还一直坚持实地调研，了解粮食生产经营一线情况。作者从博士在读期间以来一直坚持积累典型案例数据库，至今已收集覆盖10余个省份超过500位一线主体。通过将理论研究、实证研究、案例研究相结合，作者对中国粮食安全治理从顶层设计到基层治理有了较为深入的认识和把握。本书聚焦粮食规模户这一重要群体，研究内容扎实，为理解中国粮食规模户的发展现状及未来趋势提供了宝贵的视角。希望本书的出版，能够引起社会各界对粮食规模户的更多关注，激发更多有益于粮食安全的思考与行动。受作者能力、时间局限，本书不足之处敬请学者、读者批评指正，希望作者在粮食安全研究上继续钻研。

郑风田

中国人民大学

目 录
C O N T E N T S

第一章

引　言

一、问题提出

食为政首，粮安天下。确保粮食安全，关键在人。"谁来种地"是保障国家粮食安全、推动乡村全面振兴亟待解决的问题。随着经济社会的不断发展和强农惠农政策的实施引导，各地农村土地流转深入推进，粮食适度规模经营快速发展，粮食生产经营方式发生巨大变化。粮食规模户的发展，解决了粮食生产主体缺位的问题（陈洁和罗丹，2010；任晓娜，2015），是转变农业发展方式的领跑者（姜长云，2014）、适度规模经营和现代农业经营方式的主要实践者，在辐射带动小农户对接现代农业上发挥关键作用（韩俊，2018）。在政策引导下，粮食主产区规模户数量和经营规模都已经达到相当规模（江激宇等，2016）。早在 2013 年，农业部对种粮大户和种粮合作社的摸底调查就表明，其土地耕作面积占全国耕地总面积的 7.3%，粮食产量占全国粮食总产量的 12.7%。截至 2024 年 10 月底，纳入全国家庭农场名录系统的家庭农场近 400 万个，依法登记的农民合作社达 214 万家、联合社 1.5 万家。其中，种粮家庭农场 174.9 万个、粮食类合作社 55.1 万家，占新型农业经营主体总数的 38%。

粮食规模户不仅面临普通粮农面临的困难，而且还面临很多特殊困难，风险也要高于小规模农户。近年来，我国农业生产面临的内外部挑战增加，粮食支持政策相应调整，给粮食规模户的外部环境带来很多不确定性。其中，2016 年的玉米收储制度改革深度改变了粮食市场格局，改变了粮食规模户所处的市场环境。粮食收储制度改革以来，库存压力极大缓解、国内外价差逐渐缩小、市场定价机制恢复。然而产业链理顺和政策负担缓解的背后，农户承受了巨大压力，其中规模经营户生计问题尤为严峻。伴随临储取消带来市场价格剧烈下跌，依靠租地种植的粮食规模户亏损较大，"跑路"或"毁约弃租"现象在改革当年就频频出现（陈锡文，2016）。改革后，政府通过生产者补贴、鼓励市场化收购和发展深加工等措施拉动玉米需求，促使价格在暴跌后小幅回升，以期缓解农户经营压力，但扶持效果比较有限。改革进入第三年后，规模种植亏损进一步发酵，过去持观望态度的一些规模户也萌生退意，"跑路"和"毁约弃租"等现象愈演愈烈（李娟娟等，2018；张磊和李冬艳，2017；高强，2017）。除了"跑路"等激烈应对行为以外，粮食规模户撂荒、弃耕等变相退出行为的范围也在不断扩大。以上两种观点，都需要以对规模户的风险应对和经营行为调整的准确把握和细致分析为基础。但现有研究对收储改革以来粮食规模户"跑路"的态势缺乏足够重视，对收储改革以后规模户经营行为的调整方向也缺乏把握，难以对未来规模户发展提供研究支撑。

确保一定数量的规模户，增强规模户的风险管理和应对能力，对保障国家粮食安全至关重要。从规模户经营风险角度来看，现在有关粮食规模户风险识别和应对的研究比较丰富。粮食规模经营存在多重经营风险交织，使得在过去就存在局部地区个别的"撂摊子"现象。随着改革的深入，粮食规模户"跑路""撂荒"的现象大规模出现，说明政策变动的冲击不可忽视。现有研究大多仅就风险谈风险，在新的制度背景下，对规模户风险和经营行为产生的新变化缺乏进一步追踪。从收储制度改革的影响上来看，有关收储改革影响的分析大多集中于产业链条、价格形成、种植结构调整等中观和宏观层面，对农业生产主体的直接研究还比较少。大部分学者都注意到玉米种植收益断崖式下跌，部分地区出现规模经营"放缓"的现象，但具体到粮食规模户行为转变上没有进一步细化。尤其是，收储制度改革以后，玉米市场离开了政府托底，基本依靠市场机制运转。其中存在的市场波动和不确定性，给粮食规模户带来持续影响。但这些影响并未得到持续追踪。

针对这一研究主题还有很多关键问题没有解答。在诸如玉米收储制度改革这样的政策改革、市场机制发挥主导作用以后，规模户"跑路""毁约弃租"等行为到底是局部特例还是普遍现象？没有跑路的规模户是如何调整经营和化解风险的？导致规模户经营调整行为分化的原因是什么？在把握基本特征事实的基础上进一步回答这些问题，才能形成对现有改革的有效动态反馈，从而更好地指导改革进程，促进农业支持政策完善。

因此，本书以玉米为切入点，分析收储制度改革后、市场机制发挥主导作用后，粮食规模户经营行为调整的特征事实，识别造成其风险应对和经营调整行为差异的影响因素，以期为促进粮食规模户平稳发展提供依据。

二、 研究意义

（一）理论意义

第一，有助于丰富中国农业适度规模经营主体行为逻辑、风险应对和化解机制的研究。中国的农业规模经营主体具有中国特色，与小农户和发达国家的大户明显不同。新型经营主体是更加专业化的生产经营单元，这不仅与中国传统农户既是生产经营主体又是基本生活单元从而表现出的二元特征明显不同，也与全球范围绝大多数国家从事农业生产经营的家庭农场主体具有生产、生活双重功能相区别，表现出鲜明的中国特色（张红宇，2018）。分析政策风险冲击下粮食规模经营主体的行为逻辑，有助于深入了解规模经营主体的行为特征和逻辑规律，从而把握规模经营主体和适度规模经营的未来发展趋向。尽管现有研究对适度规模经营的风险有一定认识，但对政策变动本身的风险及其带来的市场风险认识不足，缺乏对风险应对行为和化解机制的相关研究。在农业供给侧结构性改革的背景下，我国农业支持政策将会有较大调整，粮食收储政策作为开端，将对粮食生产经营产生巨大影响。适度规模经营的研究，不仅关系适度规模经营本身的发展，而且与我国农业结构密切相关。

第二，有助于加深对粮食收储政策调整对微观经济参与主体的影响认识，从而进一步加深对中国背景下农业支持政策调整的影响研究。从2014 年粮食收储政策改革至今，政策的市场扭曲和可持续性一直是关注的焦点。在研究上，也大多集中在宏观经济层面，关注市场价格形成、产业链条梳理和对外经济贸易等。对微观经营主体的关注比较少，尤其是对农民种植行为变化的关注非常不足。种植者是粮食收储政策和整个农业支持政策的直接作用主体，种植行为关乎种粮积极性、粮食产量等，关系农业结构调整和国家粮食安全。规模经营主体在种植环节占比不断提高，对市场的影响大，对政策敏感性强。然而现有研究对规模经营主体的相应机制关注不多，对其作用机制把握也不到位。对微观主体影响研究的缺位，会导致政策研究不够全面，从而影响对政策的判断，不利于进行未来风险预判和未来走向分析。

（二）现实意义

第一，对促进农业适度规模经营、培育新型农业经营主体提供理论依据，具有很强的现实意义。农业适度规模经营是未来的长期发展方向，粮食适度规模经营是提高粮食生产能力、确保国家粮食安全的重要保障。从党的十一届三中全会以来，国家鼓励适度规模经营，并取得了一定成效。伴随收储制度等农业支持政策市场化改革，适度规模经营进程明显放缓。这说明，目前农业适度规模经营主体的适应能力还比较弱，在未来需要进一步改进。必须把是否具备市场自立性作为检验新型农业经营主体发展质量的重要标准（张红宇，2018）。如何在政策变动和市场变动中生存，如何寻找新的突破路径等，这都需要进一步追踪研究。在新的背景下，如何促进规模经营提升竞争力至关重要。本书的研究在分析当前规模经营主体存在的问题、应对逻辑的基础上，有助于提出在新的政策背景下，促进规模经营主体优胜劣汰、提高风险应对能力进而提高市场竞争力的政策建议。

第二，对推进粮食收储及农业支持政策改革提供科学依据，对协调农业支持和适度规模政策的激励机制、同时完善并推进两类政策有重要意义。规模户"跑路"行为的背后，说明收储政策对市场行为的判断还不够到位。农业支持政策应该保证国家粮食安全，但目前的趋势反而导致大规模的撂荒与政策目标适得其反。本书的研究在把握收储制度市场化改革的基础上，有助于把握农业结构调整的节奏，进而评估农业支持政策对农业结构调整的影响。除此之外，问题背后说明政策调整过程中缺乏不同政策间的协调配合和影响风险评估的因素。这导致政策执行后政策效果之间相互抵消，影响两类政策的执行效果。对粮食收储市场化改革的效果持续追踪，对完善相关配套措施有很大意义。

第二章

文献回顾

与本书密切相关的研究领域主要有两类。一类是规模经营主体风险及应对机制研究，这一领域积累了丰富的研究成果，为本书的研究提供了有力支撑。另一类是农业支持政策调整对农业结构影响的研究，尤其是发达国家曾经也经历过类似的调整阶段，其研究方法和结论能够为本书提供良好的借鉴。

一、粮食规模户行为特征与经营风险

中国特色现代农业建设的重点是粮食生产，难点是规模经营（钱克明和彭廷军，2014）。适度规模经营是提高粮食产业竞争力的必由之路（蔡昉和王美艳，2016）。随着城镇化进程加快和土地流转规模的扩大，"谁来种地"的问题日益突出，培育现代农业经营主体迫在眉睫（钱克明和彭廷军，2013）。

中国粮食规模户不同于普通农户，不具有传统农户既是生产经营主体又是基本生活单元的特征（张红宇，2018；王振华等，2017）。又不同于发达国家的家庭农场，不具有其生产、生活双重功能的特征，也不具有其私有化土地占比较高的特征。中国的粮食规模户是更加专业化的生产经营单元（张红宇，2018），而且依靠大规模租地实现规模经营（陈洁和罗丹，2010）。在粮食生产和经营上，规模户除了有普通粮食经营的共性特征以外，还有一些自己的特点。

（一）粮食规模户行为特征

粮食经营的目的，不再停留于维持自身基本生计，而以获取种粮收益为主要目的（陈洁和罗丹，2010）。一些学者认为，一些规模户完全受盈利动机支配，作为生计生产者的身份几乎退化（江激宇等，2016）。除了一些本乡本土成长起来的大户，一些通过资本下乡形成的规模户（卞文志，2015），则完全追求资本收益的最大化（丁冬和杨印生，2018）。运营过程中，人工等投入无法再像传统农户那样完全为家庭活动所内化，经营方式呈现企业的特点。

第一，粮食经营的投入方面，租地需求大，专用性资产投入大，要素投入量大。首先，粮食规模户往往是租地大户。受家庭联产承包责任制影响，个体农户的自由承包地数量非常有限，要实现规模经营，只能通过土地流转扩大种植规模，这就导致规模户长期依赖大量小农户的土地，通过租地契约建立与大量分散小农户的连接关系。其次，粮食规模户需要大量专用性固定资产投入和维护。规模经营大多以机械替代劳动，机械存放、收获存储等均需要大规模厂房、建筑等，这些决定了前期固定资产投入较大（江激宇等，2016；肖娥芳，2017）在生产经营的过程中，固定资产存在折旧、损耗的情况，需要定期进行维护。最后，规模经营的大体量决定农业一般要素投入相应增长。种苗、农药、化肥、人工等常见经营要素的投入，都随着经营规模的增加相应增长。

第二，粮食经营的内容方面，收入结构比较单一，商品化程度比较高。规模户经营呈现高度专业化的特征，大多数规模户在一个生产年度内仅经营一到两个作物品种。产出除了极少部分做家庭消费以外，大部分甚至全部都用于销售，赚取卖粮收益，商品化率极高，与市场关系紧密。

第三，粮食经营的资金方面，要素投入货币化程度高，流动资产占用量大时间长（肖娥芳，2017），融资需求迫切。大规模要素投入，需要以流动资金作为基础，提高了对经营流动资金占比的要求。农业生产过程与收获销售间存在明显时间差，前期和中期资金投入无法获得收入作为补偿，资金投入负担非常大。除了依靠自筹，还需要依靠信贷弥补资金缺口，信贷需求非常大。

（二）粮食规模户经营风险

发展中国家农户的农业生产往往面临多种不确定性。过去有大量研究分析小农户面临的风险（张哲晰等，2018；孔荣等，2009），在当前小农户与新型农业经营主体并存的农业经营体系下，研究对象应进一步扩展到规模户（张瑞娟和高鸣，2018）。有观点认为，规模户对农业生产经营要素和市场机制比较了解，能够抵御一定的市场风险，具有一定的稳定性和发展性（杨磊和徐双敏，2018）。

但在实践过程中规模户面临着巨大问题。粮食规模户不仅面临普通粮农面临的困难，而且还面临很多特殊困难（陈洁和罗丹，2010），风险也要高于小规模农户（张晓山，2004）。上述大量不同于普通农户的经营特点，加上中国农业要素、金融等配套市场的不完善，导致了规模户存在大量风险。过去研究对规模户风险的分类多基于某一地区典型案例，这里综合现有研究大致划分为以下几类。

1. 生产成本刚性上涨，挤压经营收益，近年来尤以土地租金的上涨最为严重

粮食规模种植不仅扩大了农业对生产要素的需求，也强化了农业对

要素市场的依赖（钟真，2018）。一般规模户的增收逻辑在于，要增加收入就要扩大规模（关付新，2018），增加规模就需要进一步扩大要素投入。土地、劳动力、农资等要素价格呈不断上升态势，投入成本递增（肖娥芳，2017）。大户批量采购农资等可以获得批发降价，但仍无法抵消整体上涨带来的影响。随着农村劳动力流出和非农劳动比例的提高，雇佣劳动成本也迅速增加。加上季节性雇工非常集中，进一步推高雇工成本（肖娥芳，2017）。随着原油价格的上涨，机械使用成本提高，以更低成本替代劳动的空间也逐渐压缩。

收储改革以后土地租金成为规模户的影响最大的成本。地租与种植收益直接挂钩，受到历史和当期种植情况、未来市场行情、粮食市场政策和补贴走向等综合影响。依靠租地为生的规模户，普遍面临高地租的负担。高地租形成有多方面原因：第一，玉米收储改革以前地租租约已根据过去临时收储时的水平确定，改革以后租约无法更改；第二，规模户竞相扩大规模，竞价拉高地租显著提高；第三，补贴与地租存在联动关系，土地所有者通过提高地租提取补贴收益，收储改革以后按面积补贴的一部分，很大程度上转移到土地所有者手中，实际经营者未获得补贴收益。多种因素综合作用，导致"高价地租"的沉重负担（罗振军和于丽红，2018；丁声俊，2017；任晓娜，2015；陈洁和罗丹，2012）。

2. 资金普遍紧张，资本市场不完善导致借贷成本高

随着种粮收益不断下降和成本刚性上涨，自筹资金很难满足规模户种植需要。当前种粮大户中规模越大，其资金压力越大，融资需求越强烈。然而相关研究表明"贷款难"问题已成为制约种粮大户生产经营的一个重要约束（任晓娜，2015；宁国强等，2017）。由于缺乏银行认可的抵押品，正规金融借贷非常困难，或者借贷成本非常高。规模户为了顺

利筹措到借款，按时完成粮食生产经营，不惜以高成本借入资金（罗振军和于丽红，2018）。而借贷偿还时间往往不考虑农业经营的特点，还贷时间紧，导致集中抛售、恶化经营活动的情况屡见不鲜。

3. 种植专业化和集中化程度高，对自然灾害和市场波动非常敏感

自然风险特别是气候风险是农户面临的最主要风险，是造成农户农业收益或产出的不确定性的主要原因。规模户大多连片经营，受灾也连片受灾，影响非常大。此外，由于商品化程度比较高，农产品价格波动增加导致的市场风险也不断增大。尤其是收储制度改革以来，玉米价格暴跌带来巨大价格风险。专业化、规模化、集约化水平较普通农户高得多，因而其农业生产经营风险的集中化程度也要高得多，收入来源结构较为单一，导致其难以像普通农户那样通过多样化经营有效地分散经营风险。市场价格的剧烈波动和在缺乏市场信息情况下的盲目投资，都不利于稳定种粮大户生产。自然灾害和市场风险发生时损失大。调查发现，近三年因农产品价格下跌而没有及时调整主营品种生产规模的新型经营主体达到 68.3%，其中自认为经营收益因此而受到"严重影响"的占40.8%（钟真，2018）。

4. 粮食规模户在产业链中的地位没有根本改变，经营活动中处于被动地位

部分种粮大户处于价值链的低端，面临着单一销售渠道带来的"敲竹杠"风险，同时必要配套基础设施的缺乏，产品的同质化，合作组织不能履行职责，进一步降低了种粮大户在粮食销售环节的"讨价还价"能力。种粮大户则因销售渠道单一和缺乏必要的配套基础设施导致其在交易过程中处于被动地位（张士云等，2017；任晓娜，2015）。农产品流通体系的不健全或不通畅，市场风险加大（肖娥芳，2017）。绝大部分种

粮大户只是规模上去，并没有建立完善的营销渠道，仍以坐地卖粮方式经营，销售风险非常大。如果市场上的粮食产品供大于求，而合同价格高于市场价格，与农户合作的涉农或非涉农公司为了自身利益很难履行责任，就会出现不根据合同价格收购等情况。由于公司的实力和社会影响比分散的农户大，粮食生产农户遭受较大经济损失（丁冬和杨印生，2018）。

5. 对政策比较敏感，呈现明显的政策导向性，随着政策变动更加频繁，经营不确定性显著增加

中国农业规模经营与政策引导关系密切。党的十七届三中全会鼓励农业适度规模经营以来，规模经营主体数量显著增加。以家庭农场为例，有83.09%的家庭农场成立于2013年和2014年，成立的原因多是为了响应国家政策、方便项目运作等（任晓娜，2015）。在政策引导和一系列政策支持作用下，过去规模户的经营比较乐观，促进了规模化的进一步扩张。但随着政策调整，引入市场化机制以后，支持政策逐渐隐形化，政策保护伞丧失，规模户风险暴露。粮食规模户自立和可持续发展能力成为问题。

6. 缺乏完善的风险应对机制，无法有效化解经营风险

现有政策性农业保险赔付金额低，实际操作和执行难，农业保险的作用尚未能得到很好的体现等。在现阶段农业保险政策、目标价格补贴政策等事后风险管理手段不完善的情况下，加强事前风险管理、提高农户风险认知显得特别重要（江激宇等，2016）。

除此之外，还有大量其他风险。比如，规模与生产率的反向关系，单产水平下降，导致粮食产出增长水平有限，并不能获得预期的高收益（陈洁和罗丹，2010，2012）；产品质量风险；技术风险等。

（三）粮食规模户风险应对

农户不仅暴露于各种风险之中，较大范围的风险导致的损失不单影响农户，还有诸多的间接效应，例如减少就业机会、导致涉农部门损失、对城市也有多重的负面影响（Haggeblade et al.，1989；Pandey et al.，2001）。严重的风险会导致借贷款拖欠，农村金融机构的业绩和长期生存能力将因此而削弱（Yaron et al.，1997）。农户为了规避风险，往往选择低收益、低风险的经营活动，这将导致"风险性"农业商品供给不足（Pannell et al.，1998）。各国政府都力图通过加强干预来帮助农户更有效地处理风险（陈传波和丁士军，2003）。

1. 正规风险应对机制

正规风险应对机制则通过缓解农户在生产过程中的经济约束，优化农户要素配置，激发农户对新技术与市场机会的热情，使其获得更高的收益，逐步成为近年来农民的优先选择。然而，正规风险应对机制对农户的资信状况要求较高，导致大农户比小农户有更多的机会采取正规机制来避险。小农户限于低水平的风险应对能力，其收益难以得到有效保障（Stefan & Pramila，1996；Rosenzweig & Binswanger，1993；张哲晰等，2018）。收入水平较高的农户可以选择的金融工具范围较广，如果自身的风险认知和保险意识较高，往往可以有效地进行风险管理的产品组合（钟一舰等，2012）。除收入水平外，收入结构对农户的风险承担能力的影响也较大（张伟等，2013），经济发达地区农户的非农就业收入所占比重较高，可通过非农就业补偿其农业生产的收入损失，因此其风险承担能力更强。

2. 非正规风险应对机制

非正规风险应对机制包括多元化种植、预防性储蓄、加入社会网络等，又可进一步分为事前和事后两类（Kisakalwayo & Obi，2012）；正规风险应对机制则指专门应对风险的正式制度安排，主要包括现代社会保障制度和保险制度（王阳和漆雁斌，2010）。农户风险应对机制的选择受到农户人力资本、金融资本、社会资本、物质资本、自然资本等多方面因素的影响（Ben – Houassa & Kouamé，2010；赵雪雁等，2015）。尽管农户在选择非正规风险应对机制时受到的外部约束更少，能更大限度地发挥主观能动性，但事前风险应对机制会削弱农户的生产专业化程度、延缓新技术采纳、降低生产效率与收入，事后风险应对机制存在着社会网络规模有限及信息不对称等问题（马小勇，2006；王阳和漆雁斌，2010）。适应措施是农户应对，抵御极端天气事件或者气候变异潜在风险的重要举措。具体而言，极端气候事件或者气候变异最直接后果是使农户在生产中面临由于自然灾害导致的更多不确定性和不稳定性，即农户面临由于自然灾害引致的更多外生的生产风险（陈卫洪等，2013）。与此相应地，风险规避的农户则会采取适应措施以减少气候变化造成的潜在生产损失和风险。例如，农户可以采取调整播种和收获日期、改变种植结构、选择抗旱品种、增加生产投入强度及保护水土资源等适应措施减少由于气候变化导致的生产风险（吕亚荣等，2010；朱红根等，2011；Chen et al.，2014；Huang et al.，2014；杨宇等，2016）。齐梅特和斯普雷恩（Zimet & Spreen，1986）分析了农场主在不同风险态度下的最优生产组合；鲍尔（Bauer，1991）分析了市场风险状态下农户马铃薯收获时间及出售时间的最优选择；杨慕义（1999）采用以期望值——基尼均差（mean – Gini difference）为集合空间的决策模型分析了草地农业系统中的农户决策行为，该研究发现，在相同风险回避的要求下，不同区域农户的期望收益是不同的。陆文聪和西爱琴（2005）的研究证明，中国农户在风险状态下的生产结构仍具有一定的优化空间（杨俊和杨钢桥，2011）。

3. 规模户风险应对

对规模户风险应对的研究比较少。研究发现，农业生产经营规模越大、家庭总收入越高的农户，对种植风险的承担能力越强。有通过流转获得耕地的农户与无流转耕地的农户之间风险承担能力有显著差异，因为流转获得耕地的农户需要为耕地缴纳租金，租金压力对其风险承担能力造成影响。种植面积的变化也会造成农户风险承担能力的显著差异：因流转扩大耕种面积的农户与因撂荒缩小耕种面积的农户之间的风险承担能力存在较为显著的差异（叶明华等，2014）。

 二、政策"脱钩"、行为调整与结构转型

收储制度改革显著地改变了农业生产者所处的经济环境。2016年玉米收储制度改革，取消了实行8年的临时收储政策，整个玉米产业脱离政府保护置于完全的市场环境中。改革以后国内研究者对改革效应进行了密切追踪和研究。实际上类似的改革在欧美等发达国家也出现过，欧洲2003年的共同农业政策改革（Common Agricultural Policy）属于这一类改革，改革覆盖了欧美最主要的农产品（谷物、主要肉类、奶制品等）。其改革的实质是把过去补贴与产量直接挂钩（coupled）的支持方式改为脱钩（decoupled）。国外大量学者对这一类政策改革开展了大量研究，且大多围绕农场行为响应、种植结构调整、农场结构演变的角度进行，与本书的研究内容关系非常密切。

（一）农业支持政策"脱钩"带来经营不确定性

农业支持政策释放了市场调节机制，市场从管制到放开的过程，需要经过一段时间博弈才能达到相对稳定。此外，市场机制本身具有波动性。这些都给转型中的生产者带来新的不确定性。从国内来看，收储制度改革收缩了政府支持和干预范围，在一定程度上释放了市场机制。玉米收储制度改革取得了很好的成效，国内外价差缩小、进口压力减少，玉米高库存压力明显减缓，加工行业活力恢复。从生产者角度来看，他们面临的市场环境更加复杂，生产者面临的决策复杂性与市场风险也随之提升（李娟娟等，2018）。

第一，价格波动程度加大，收益波动随之增加。从国内来看，收储制度改革导致价格大幅下跌，种植经营收益显著下降。尽管有所预期，但下降幅度超出大多数农户的预期（蔡海龙等，2017）。东北三省由于有生产者补贴情况稍好，其他主产区粮农收入受到大幅冲击（李国祥，2017）。随着改革推进，主粮价格相对稳定的预期可能不在，价格波动会进一步加剧（钟真，2018）。

第二，土地租金较高且不稳。从国内来看，在过去托市临储制度和土地大规模集中时期形成的高土地租金，还有一定的惯性，短期内不会有明显下跌。伴随玉米生产者补贴的施行，有可能进一步资本化为租金成本。此外，一段时间内土地租金可能会呈供求双方不断博弈、地租不稳定的局面，生产成本不确定性将随之增加（蔡海龙等，2017）。土地价格变化明显，土地流转合同大多一年一签，且价格基于上一年的玉米价格进行调整。这种短期土地流转合同在降低市场与政策变化风险的同时，也对规模化经营形成明显制约。流转土地面积和地块位置的不确定性，导致新型经营主体对土质改良及基础设施改善的投入意愿减弱，从而降低了规模化经营的生产效益与发展速度（李娟娟等，2018）。近年来，随着"三农"环境不断向好，社会资本加速涌入农村"包地"，推高了土地租金，一些种粮大户坦言，"如果给不起价格，根本包不到地"（徐刚，2017）。

第三，粮食市场尚未完全建立，销售成为问题。国内收储主体主要是国有粮食企业，生产者对其产生了较强依赖，自发开拓销售渠道的能力比较差。改革以后，过去定向国有粮库销售的农户必须考虑销售问题。由于现在农户普遍缺乏仓储设施和场所，加剧了销售的迫切性。而目前玉米市场收购方处于孕育、重构发展阶段，这增加了玉米市场销售难度（刘文霞等，2018）。国外即使在挂钩政策下，农产品多以市场化收储销售为主，且有合作社和行业协会长期运作，农民销售在改革前后的差异不是特别大。

第四，政策调整的不确定性仍然存在。从国内来看，伴随收储制度改革的推开，针对存在的问题还有一系列配套政策出台。加上国内外环境不确定性增强，国内粮食安全压力加大，政府加强农业生产、加强干预的可能性仍然存在。从国外来看，存在政策脱钩和挂钩的反复变化。这都会影响生产者对未来的预期。

（二）农业支持政策"脱钩"与生产行为调整

玉米收储制度改革是农业支持政策脱钩的一种形式。改革以后，国内外学者均对生产者行为进行了分析，但观察到的结果有一定差异。

1. 退出生产、收缩投入

从国内改革的情况来看，玉米收储制度伴随种植收入绝对水平骤降，土地流转速度出现负增长、规模化进程放缓，跑路、退租、毁约弃耕等现象出现（李娟娟等，2018；徐刚，2017）。取消临储或者下调托市价格，对于小规模兼业农户收入的影响远低于从事规模经营的专业大户、家庭农场主（张晓山和刘长全，2017）。改革后玉米价格大幅下跌，规模户普遍亏损，养殖成本下降和玉米深加工企业效益提升对农民增收贡献不大。尤其是东北三省及内蒙古以外地区粮农收入受到的影响更大（李国祥，2017）。吉林省公主岭市规模种植者收益减少460元/亩，比小农户减少额多138元/亩，生产者补贴仅能弥补收入的44.8%，而小农户能弥补64.0%（刘慧等，2018）。吉林省中部玉米主产区农户2016年收入比2014年平均减少6000元，其中经营面积10～15公顷的规模户收入下降至少4万～6万元（顾莉丽和郭庆海，2017）。由于规模户已形成与玉米种植相配套的机械设备，调整弹性缺乏、很难进行用途转换（蔡海龙等，2017）。钟真（2018）的调研结果显示，价格下跌后没有及时调整主营品种生产规模的新型经营主体达68.3%，因此遭到严重损失的达40.8%。张磊和李冬艳（2017）调研发现自有承包地农户的效益在改革后仍可达3000元/公顷，但对于依靠流转土地经营的种植大户、家庭农场和合作社这些收益完全无法覆盖租地成本，规模经营主体在2016年秋收以后纷纷退租（张磊和李冬艳，2017）。

国内规模经营主体退出会带来很多负面连带影响。对他们自身而言，还贷能力直接降低。由于银行也受政策影响规避风险收缩放贷，规模户再贷款难度增大，其生产积极性受到打击。对小规模散户而言，土地租金丧失会影响其收益，流转契约会打乱其生产经营计划（王德福和桂华，2011），可能引发社会冲突（江激宇等，2016）。对政府而言，规模经营主体对当地农业经营影响大，且大多受到政府支持，亏损以后可能反过来增加政府扶持负担（冯小，2015）。

从国外改革来看，很多学者判断政策"脱钩"会导致农场大量退出（Breen & Hennessy，2005），使农场数量减少（Piet et al.，2012；Andersson，2004），让那些更有效率的农场提高产量（Chau & De Gorter，2005；Hennessy & Rehman，2006）。阿赫恩等（Ahearn et al.，2005）用三阶段最小二乘估计法和反事实模拟方法分析发现，支持政策提高了美国农场的退出比例，对规模相对较小的农场影响更为明显。其中没有接受到后期政府支持的农场退出概率更高。阿尔法等（Arfa et al.，2015）采用非平稳马尔可夫模型（nonstationary Markov model）分析发现，直接支付政策对不同规模农场的影响不同，能小幅降低小型农场的退出概率，有助于维持大型农场的规模，但对中型农场影响不显著。与此同时配额政策也有助于维持小规模农场。这一结论与基和罗伯兹（Key & Roberts，2006）的研究结论一致。以色列农场退出也呈现规模越大，退出概率越大的现象（Kimhi & Bollman，1999）。美国农业部的研究也发现，20世纪80年代财政危机期间是农场退出高峰，但并没有导致土地资源向大农场聚集，反而是中等规模农场退出比重达75%（Stam et al.，1991）。

实际很多农场并未发生退出行为，但投入明显减少。亨尼西（Hennessy，1998）分析美国1996年农业市场交易法案（Agricultural Market Transition Act）的影响，通过构建艾奥瓦州典型玉米种植农场理论模型，发现支持政策取消均会显著减少农场投入，其中挂钩政策的影响相比脱钩政策要大。如果是脱钩政策取消，将会导致氮肥投入减少7%~10%，产量下降1.5%~2.5%，但如果是挂钩取消，影响则更大。美国约克（York）和威斯康辛（Wisconsin）两地奶业农场数量在20世纪90年代下降了1/3，在政府提供支持的情况下退出情况也没有缓解。福茨（Foltz，2004）从沉没成本和农场投资的角度分析发现，农场数量下降的原因是非农用途利润丰厚，并非信贷市场和土地市场缺陷带来的制约，政府支持起到了维持农场经营的作用，但效果非常有限。亨尼西和雷曼（Hennessy & Rehman，2006）利用一般多期利润最大化线性规划（a generic multi‑period profit maximisation linear programming）方法从劳动参与的角度加以分析，挂钩政策改为脱钩，劳动力会更多转移到非农劳动中赚取非农收益（替代效应），脱钩补贴收入则会让部分劳动力享受更多闲暇而放弃部分农业劳动（收入效应）。总体结果是农业劳动参与会显著减少，导致产量总体下降。利特斯（Leathers，1992）把土地市场和农产品市场构建联系，分析四类农业支持政策执行后对土地市场的影响，模型模拟结果表明支持政策会导致农场退出和农场数量下降。

一些研究从反面印证了这一结论。美国20世纪30年代（1935~1939年）的商品支持项目、信贷项目和延期还款项目等农业支持政策能够有效防止各州农场破产（Rucker & Alston，1987）。劳动参与决定了农业参与的程度，而农业支持政策与农业劳动市场之间存在显著正相关关系（Ahearn et al.，2006）。

2. 扩大规模、风险化解

并非所有农场都在收缩，从国内来看，收储制度改革以后，出现部分规模户"逆势抢地"的现象，利用粮价下降和部分地区土地租金下降"逆势接盘"（高强，2017）。此外，收储制度改革也催生了一些风险化解行为，例如通过加入合作社等组织降低销售风险。刘文霞等（2018）利用2014~2016年全国家庭农场追踪监测数据分析发现，收储改革实施的东北三省和内蒙古地区的玉米农场加入合作社的概率显著高于其他地区。

从国外来看，脱钩政策实行以后对农场退出的影响比较小，甚至有反向促进作用。收益减少导致的破产，并不一定引发农场退出，农场退出是多种原因综合的结果（Stam & Dixon，2004）。支持政策本身对生产有一定促进作用（Zepeda，1995），统计上具有显著性，但经济显著性非常低（Goodwin & Mishra，2005）。大量实证研究表明，政策脱钩反向促进了农场增加投资，扩张农场规模，根据分析的角度内容大概可分为五类。第一，农场"准"固定资产（比如专用资产、农业劳动力）专用性高、流动性比较低等，调整成本非常高，生产者会选择继续按照原来的模式生产，表现出生产上的"惯性"。第二，生产者不是纯粹追求利润最大化，农业生产有一些非现金收益（nonpecuniary benefits），补贴可以使他们维持农业生活方式（Breen et al.，2005；Moss et al.，2002）。第三，脱钩补贴大多与土地直接挂钩，且实行一次性补贴，仍然存在较大的生产激励效应。第四，其他要素市场的不完善和扭曲，导致农业参与活动水平提高。农场农业活动往往受到信贷市场不完善、较弱的财务系统和较为固化的劳动力市场的约束，制约了进一步的农业投资。脱钩政策带来的收益恰好放松了这些要素市场的约束，使得生产者更有可能增加对农业的投资。第五，额外补贴收益改变了生产者的风险偏好。额外收入改变了风险偏好，使得生产者更愿意接受一些风险。一些政策引导也会导致生产者风险识别能力降低，使其更愿意进行大规模的经营（Kazukauskas et al.，2013）。欧盟共同农业政策之后，农场更多地采取订单农业模式，高效率的农场不断扩张（Defra，2003；Centre for Rural Economic Research，2003；ADAS，2002；Moss et al.，2002）。

3. 有出有进、结构转型

国内学者注意到，收储制度改革以后，规模经营主体其实是有退出、有进入。"毁约弃耕"与"逆势接盘"共同出现，实际上是市场自由竞争下的自然选择（高强，2017），是供给侧结构性改革下调整经营方式的问题（高强，2017；蒋钊，2017）。经过竞争淘汰，土地资源向优质新型农业经营主体集中（蒋钊，2017），实现粮食生产经营方式转型升级。

国外实践和研究经验也得到类似的经验。20世纪70年代以来，美国大量研究关注农场结构变化：包括农场数量和不同农场的分布情况（Leathers，1992）。农业支持政策会显著影响农场的退出和进入选择，进而决定农场的规模分布和结构分布（Sumner，1985）。1987～1997年，美国农场的数量从231万个下降到208万个，但并不是所有区域农场数量都在减少，具体来看有15%的县农场数量在减少，13%的县农场数量在增加（Goetz & Debertin，2001）。一般而言，政府支持有助于减少农场退出，但在已经有农场退出地区，支持政策才加速了退出过程，原因在于增加了留存农场的资金使其购买别的农场（Goetz & Debertin，2001）。美国农业部经济研究局分析了美国农场退出行为发现，尽管谷物获得了较多的政府补贴，但其退出率高于养殖农场。原因在于补贴给谷物种植农场提供了很多的资助收购小农场，从而加速了小农场退出，使土地向大农场集聚（Hoppe & Korb，2006）。阿赫恩等（Ahearn et al.，2005）发现，脱钩政策减少了小农场的比重，改变了农场的结构分布。竞争性产业中，组织进入和退出行为由自身效率内生决定（Hopenhayn，1992）。欧美农场退出不是因为本身规模小，而主要在于技术不到位（Foltz，2014）。2005 年欧盟共同农业政策脱钩改革以后，尽管农场种植面积在收缩，但农场投资反而在增加（Andersson，2004）。卡扎考斯卡斯等（Kazukauskas et al.，2013）利用欧盟各国改革前后的数据检验得到类似结论，但把利润加以控制以后，脱钩政策对种植面积的负向影响不再显著。这说明2005 年欧盟农场经营土地面积减少的原因，是农场追求更优的种植规模。

所以，脱钩政策带来的农场进入和退出，其实是优胜劣汰的过程，是农业支持政策脱钩引起农场结构和农业结构的改变（Piet et al.，2012；Andersson，2004）。农场间的竞争强迫低效率的农场消亡并且退出，使得更有效率的农场进入且成长。新进入的农场会采用更新的设备和技术，并用更有效率的资本和劳动组合，并在农业上投入更多的时间和资源（Hoppe & Korb，2006）。实际上，霍夫曼和埃文森（Huffman & Evenson，2001）甚至发现，公共研究与发展（R&D）而非农业支持政策，才是影响农场结构的主要因素。

（三）政策"脱钩"促进农场结构转型的机制

国内在玉米收储改革以后，农业经营主体有一定行为响应，正处在演化过程中。有部分研究者从规模经营主体风险应对的角度对此进行了研究，但从整体行为演化态势和走向上关注不足。国外针对支持政策"脱钩"对农场行为影响的差异开展了大量研究。现有分析大多基于几类模型来分析支持政策脱钩以后，农场进入和退出、结构变化等，包括基于新古典生产和家庭经济学的家庭农场模型（Ahearn et al.，2005）、新制度经济学模型（Binswanger & McIntyre，1987；Berger，2001；Allen & Lueck，2003）、沉没成本理论（Foltz，2004）。

然而，农业政策对农业结构的影响不能仅依靠理论推导（Leather，1992）。越来越多的理论和实证研究发现，农业支持政策对农业结构调整的差异，是多种效应共同作用的结果。上述理论分析也可归纳在这些效应范围内。具体来看，可以分为直接机制和间接机制两大类（Andersson，2004）。

1. 直接机制

直接效应来自直接的价格和产量约束，通常包括价格效应（price effects）、交叉补贴效应（cross-subsidation effects）等（Andersson，2004）。农业支持政策对补贴农产品的价格和产量进行直接干预，都会导致生产者获得价格的变化，统称为价格效应。较差补贴效应则存在于相互关联的多种农产品之间，对其他农产品进行支持，会通过两者的替代或者互补关系，影响当前农产品的生产活动。在农业支持政策脱钩改革中，改革对农产品价格、生产者收入等的直接影响，都属于直接效应。直接效应的作用方向也比较明确，价格高、收入高会对农业生产有正向激励，反之亦然。

2. 间接机制

导致政策作用方向不明确的，主要是间接效应。间接效应是对未来收入、财富预期变化引起的行为变化（Andersson，2004）。生产者本身及其所处环境具有异质性，这就导致改革信号传递的差异，从而引发不同的行为响应。具体来看分为四个方面：风险、信贷约束、劳动参与和预期（Weber & Key，2012）。

第一，风险机制。亨尼西（Hennessy，1998）分析了脱钩政策如何通过风险机制影响生产者行为。脱钩政策会降低风险厌恶水平，从而促进生产活动。大量研究通过模拟的方式将风险纳入模拟模型，分析政策对生产的影响。塞拉等（Serra et al.，2006）进一步把投入和产出风险纳入分析，利用美国堪萨斯州的数据得到，脱钩政策确实降低了生产者偏好，脱钩政策对生产的刺激具有统计显著性，但经济显著性比较小。贾思特（Just，2011）的研究进一步验证了这一结论，如果想要通过风险效应降低生产者风险规避系数来提高生产投入，政府必须大幅提高补贴标准来提高农民收入。

第二，信贷约束机制。生产者往往面临较强的信贷约束，补贴增加了生产者的资本持有量，可以缓解短期流动资金不足或者长期投资资金不足的问题。古德温和米沙（Goodwin & Misha，2006）研究发现，在决定播种面积时，补贴和农场资产负债率的交互影响并不显著。但并不能就此下结论认为信贷约束机制不成立，因为补贴本身也会影响资产价值（Weber & Key，2012）。大量研究表明，补贴通过资本化为土地租金的形式，提高了土地价值。在欧美农场土地高度私有化的背景下，能够缓解农业生产的信贷约束。

第三，劳动投入机制。阿赫恩等（Ahearn et al.，2006）认为，补贴会给生产者带来财富效应，进而影响家庭在农业和非农劳动上的时间分配。研究发现，补贴会显著降低非农劳动，增加农业劳动。基和罗伯特（Key & Roberts，2009）也发现了类似的结论。

第四，预期机制。农户生产并不是短视的，而会根据未来的信息作出选择。尤其是对未来政策的预期，会显著影响当前的生产行为。科贝尔等（Coble et al.，2008）的研究发现，早在 2002 年真正改革发生以前，农户就预期到补贴可能增加，从而改变了生产行为，追加投资、扩大生产。

三、 评述

从上面的回顾可以看到，在农业生产风险应对和农业生产组织结构转型、收储制度改革和农业支持政策"脱钩"等方面，学术界已经取得了丰硕的成果。特别是国外对农业支持政策改革与农场行为响应和由此产生的农业结构改变的研究，已覆盖国家/地区、主产区、郡/县、个体农场各个层面，时间跨度涵盖 20 世纪 30 年代至今世界主要国家历次重要的农业支持政策"脱钩"改革，研究方法包括数理模型推导、工具变量、（准）自然试验、静态和动态政策模拟预测等，对农业支持政策改革和生产者行为之间的作用机制也进行了深入的探讨。这些都为本书进一步研究奠定了基础，但纵观以往研究，还存在以下方面有待提高和改进。

（1）现有关于中国粮食生产者风险应对和行为调整的研究，大多集中分析小农户，对"大户"/规模户的关注和分析比较不足。中国农业经营小规模分散的特征使得学界在很长一段时间内聚焦小农户生计，生存小农的基本特征使得其风险应对及化解至关重要。但需要注意到，随着城镇化进程加快、土地流转范围扩大和国家政策支持加大，规模经营主体成长迅速，中国逐渐形成小农户与规模户并存的农业生产经营体系，对规模户的关注和研究同样重要（张瑞娟和高鸣，2018）。规模户在稳定农产品供给上的作用日益显著，还发挥着辐射带动和衔接小农户的作用。然而规模户面临着大量不同于小农户的特殊困难。在粮食领域，规模经营主体的重要性更加突出，困难也更加严峻。近年来，成本刚性上涨和风险线性化困扰着规模户，粮食收储制度改革带来的政策和市场风险，更给广大粮食种植规模户带来致命打击。针对规模户特点，研究风险冲击下规模户经营行为调整和风险化解机制十分迫切。

（2）对玉米收储制度改革的研究，更多从宏观层面分析，对微观生产行为影响还需进一步丰富，对微观主体行为变化导致的潜在农业结构演化趋势要密切关注。收储制度改革将对粮食产业产生深远影响，这些影响不只停留在价格机制形成、市场机制发挥等中观和宏观层面，也将对生产者产生直接影响。有一部分研究了风险化解行为，但总体来看直接关注生产行为的研究还比较少。而生产行为本身，直接关系种植结构调整。研究主产区农户的种植结构调整对于顺利推进改革和保障国家粮食安全具有重要意义（刘慧等，2018）。

由于缺乏对微观生产主体行为取向的把握，就难以对生产结构调整趋势作出判断。收储制度改革背后暗含了国家推进农业供给侧结构性改革的深意。生产行为调整将直接反映农业结构调整的结果。当前规模户经营行为的调整是否与国家引导提质增效方向一致？还是打击了种粮积极性，会引发更多的社会风险和粮食安全风险？这些问题关乎改革方向和粮食安全问题，必须在改革过程中密切关注并加以研究。目前已有的研究，从内容上看，还停留在对个别现象的关注分析，缺乏对整体情况的把握，无法对这些问题进行回答；从研究方法上看，仍然停留在描述性统计和个别案例的分析，缺乏采用规范的计量经济学方法进行严谨的因果推断，也缺乏一定的理论分析对未来发展走向和潜在风险进行模拟推演。

（3）中国规模户自身及所处市场环境与发达国家差异较大，国外研究可以参考，但不宜直接借鉴。尽管国外研究已经比较丰富，但对国内的借鉴价值比较有限。国外研究也发现生产主体及其所处经济社会环境的异质性，是导致脱钩改革政策引发农业结构转型差异的原因。中国农业生产（尤其是粮食）与世界发达国家差异很大，至少体现在以下几个方面。

第一，中国粮食规模经营户有较高的租地依赖。国外农场大多是土地私有，国外研究中脱钩补贴会带来抵押贷款效应，能够放松信贷约束使得生产者追加投资、扩大规模。这一效应在中国背景下可能恰好相反，而且补贴通过资本化变为租金，反而会导致租地成本刚性上涨。第二，中国粮食市场发育程度比较低。粮食生产者营销能力普遍偏弱，市场化购销渠道仍在培育，价格形成机制也还在发育，面临的不确定性和风险比国外成熟的粮食市场要多。第三，规模户和小农户并存的生产经营体系。相比中国的体量，国外农场几乎都是规模经营，结构相对单一。中国粮食规模户经营不可避免要与小农户产生联系（例如租地、雇工），规模户经营活动也通过溢出效应影响小农户（例如技术溢出、合作经营等）。这样的背景下，规模户行为演变增加了更多的不确定性和外部性。这些特点也恰好说明在中国背景下研究的重要性。国外研究者对这一问题的长期关注、深入探讨，值得国内研究学习。

第三章

中国粮食规模户的地位

粮食规模户作为粮食生产的重要力量，正逐渐成为确保国家粮食安全、推动农业转型升级和实现乡村振兴的关键群体。规模户通过集中连片的土地经营，不仅提高了农业生产效率和粮食产量，而且在应用现代农业科技、推广绿色种植技术、提升农产品质量和竞争力等方面发挥着示范引领作用。

粮食规模户的定义与特征

粮食规模户的定义根据不同的农业领域和具体的政策文件而不同。通常指的是那些经营规模较大、以商品化经营为主的粮食经营户。以下是关于粮食规模户的几个重要特征。

第一，种植面积。粮食规模户通常具有较大的经营规模。根据《第三次全国农业普查主要数据公报》中的界定，规模农业经营户指具有较大农业经营规模，以商品化经营为主的农业经营户。其中，在种植业，一年一熟制地区露地种植农作物的土地达到 100 亩及以上、一年二熟及以上地区露地种植农作物的土地达到 50 亩及以上、设施农业的设施占地面积 25 亩及以上，即可被视为规模经营户。但各地也会根据自身实际情况，设定本地的面积标准。

第二，商品化经营。粮食规模户主要以商品化经营为主，这意味着其从事粮食生产活动主要是为了市场销售，不是像普通农户一样自给自足。

第三，农业经营单位。在某些情况下，粮食规模户也可以是农业经营单位，这包括以从事农业生产经营活动为主的法人单位和未注册单位，以及不以从事农业生产经营活动为主的法人单位或未注册单位中的农业产业活动单位。

第四，经营规模。仅靠种植面积难以全面反映规模户经营情况。一些定义还考虑了农业经营户的经济活动总量。根据《第三次全国农业普查主要数据公报》中的界定，全年农林牧渔业各类农产品销售总额达到10万元以上的农业经营户，也可以被视为规模户。

这些特征反映了粮食规模经营的多样性和复杂性，同时也体现了政府对粮食规模户的重视和支持。通过这些特征，可以更好地理解粮食规模户在中国农业中的作用和重要性。

二、 粮食规模户的发展背景

中国作为一个人口众多的农业大国，粮食安全一直被置于国家战略的高度。随着经济和社会的发展，传统的农业生产方式面临着诸多挑战，粮食规模户作为一种新型农业生产主体，通过整合资源、优化配置，实现了粮食生产的规模化、集约化。

第一，农村土地制度改革。长期以来，中国农村实行的是家庭联产承包责任制下的土地分配制度。随着社会经济的发展，这种制度下土地的细碎化、分散化问题日益突出，严重制约了农业生产的规模化和机械化发展，制约了粮食规模经济的实现。为了解决这一问题，近年来中国政府启动了一系列农村土地制度改革，包括土地确权颁证、土地流转市场建设、"三权分置"等措施，旨在促进土地的适度规模经营，提高土地利用效率。这些都为粮食规模户的发展提供了必要的制度基础。

第二，国家政策的支持。中国政府始终把确保国家粮食安全放在首位，并出台了一系列政策措施支持粮食生产。《中共中央 国务院关于全面推进乡村振兴加快农业农村现代化的意见》中明确提出要推进农业供给侧结构性改革，发展多种形式适度规模经营，鼓励和支持农民合作社和家庭农场发展。此外，政府还通过财政补贴、农业保险、技术培训等多种方式，加大对粮食规模户的支持力度，为规模户创造良好的发展环境。

第三，农业科技进步。农业科技的进步为规模经营提供了技术支持，使规模化生产成为可能。在粮食生产过程中，农业科研工作者也针对规模经营、机播机收等开展研究，进一步发展了大量便利化、轻简化技术。新型农业技术如生物技术、信息技术、智能农业等在农业生产中的应用日益广泛。这些技术的应用，促进了农业生产的效率和效益提升。近年来，"藏粮于地、藏粮于技"战略的实施，更加强调粮食规模户的引领和落地作用。通过科技创新提升粮食生产能力，为粮食规模户的发展提供了强有力的科技支撑。

第四，成本上升的压力。农户粮食规模化经营行为受一系列因素的影响和制约，规模经济激励是农户粮食规模化经营的驱动力。近年来，随着工业化、城镇化的推进，种粮成本不断上升，包括种子、化肥、农药、机械作业、灌溉等各项费用的增加。规模经营可以减少单位面积上的综合投入，降低生产成本，适应种粮成本上升的趋势。劳动力转移导致部分土地闲置或低效利用，为土地流转创造了条件。土地流转市场的发展使得土地可以集中到有意愿和能力的粮食规模户手中，实现土地的规模经营。

第五，农业现代化加快推进。随着中国经济发展进入新常态，农业发展的内外部环境正在发生深刻变化。为应对农村劳动力结构性变化的挑战，农业比较效益低与国内外农产品价格倒挂的矛盾，中国政府着力推动农业现代化，其中规模化经营成为提升农业国际竞争力的有效途径。与此同时，随着中国经济的快速增长和人民生活水平的不断提高，对粮食及其他农产品的需求量日益增大，同时对农产品的质量要求也越来越高。传统的以家庭为单位的小规模生产方式已经难以适应现代社会的需求。因此，推进农业现代化，提高农业生产效率，成为实现农业可持续发展的必然选择。规模经营作为一种现代农业生产方式，能够有效地集中资源，运用先进的技术和管理手段，从而提升农业生产的整体效能。

三、粮食规模户的发展特点

粮食规模户在确保粮食安全、提高农业生产效率、推动农村经济发展方面发挥着重要作用。中国的粮食规模户逐渐成为粮食生产的核心力量，其发展模式和经营方式具有显著的时代特征。本书从规模化经营、农机农艺、政策支持、市场参与、可持续性等方面，系统分析当前中国粮食规模户的发展特点。

（一）规模化经营持续推进

粮食规模户最显著的特点是规模化经营，这种模式逐渐取代了传统小农经济的分散经营方式，并在全国范围内迅速推广。通过土地流转和土地承包，粮食规模户能够获取相对集中和连片的大面积耕地，为集约化经营和机械化作业创造了条件。

第一，规模化的土地流转率维持稳定。土地流转制度是粮食规模户发展的基础。近年来，随着土地流转政策的不断推进，越来越多的农民将耕地流转给具备更大生产能力的规模户。这种流转为规模户提供了较大的耕作面积，使其能够有效利用机械和现代农业技术，提高粮食生产效率。据农业农村部统计，截至2020年，全国农村承包地流转面积已经超过5亿亩，占家庭承包耕地面积的36%以上，进一步促进了粮食规模户的发展。

第二，耕地规模化效应显著。通过土地流转，粮食规模户的耕地面积得以快速扩大，尤其在一些粮食主产区，规模户的平均耕作面积较高。这种规模化经营模式使得粮食生产的单位成本显著降低，并提高了资源的集约利用效率。大面积的土地耕作还使得规模户能够实现种植的科学管理和合理规划，有助于提高粮食生产率。

第三，家庭农场和专业大户等新型农业经营主体兴起。家庭农场和农业合作社是推动粮食规模经营的两种重要形式。近年来，以家庭农场、种粮大户为代表的新型农业经营主体成长迅速，成为粮食规模化生产的重要组成部分。同时，这些主体通过整合农户资源，提供社会化服务，推动了农资采购、技术推广、市场销售等环节的规模化和规范化发展。

（二）先进农机农艺应用加快

农业机械化和现代农业技术的应用是粮食规模户的重要发展特点，这不仅提高了粮食生产效率，还增强了规模户应对自然灾害和市场波动的能力。

第一，机械化水平持续提升。粮食规模户具备相对充足的资本储备，能够购买或租赁大型农业机械设备。近年来，农业机械化在粮食规模生产中的应用越来越广泛，包括耕作、播种、施肥、收割等环节都实现了机械化作业。根据农业农村部的数据，2021 年，全国主要农作物耕种收综合机械化率已超过 74%，部分粮食主产区的机械化水平达到 90% 以上。机械化作业显著提高了粮食规模户的劳动生产率，减少了对人力的依赖。

第二，现代农业技术的广泛应用。在粮食规模户中，精准农业、智能化设备等现代农业技术的应用进一步提升了生产效率。精准农业通过数据监测、遥感技术和智能传感器等，帮助规模户实现科学施肥、灌溉和病虫害防治，降低了资源浪费，并提高了作物的单产。同时，规模户逐步引入无人机喷洒、自动化灌溉等新型技术，提高了生产环节的精细化管理水平。这些技术的应用有效降低了生产成本，提高了生产专业性。

第三，农业科技推广的加强。农业科研和技术推广在粮食规模户的发展中发挥了重要作用。国家通过农业科技推广中心、农村合作社、农技站等途径，将先进的种植技术、优质种子和现代农业管理方式推广给规模户。不仅有助于提升粮食规模户的生产能力，而且通过规模户的带动作用，推动了全国粮食生产技术的整体进步。

（三）政策支持力度持续加大

政策支持是推动粮食规模户发展的重要因素，近年来，国家和地方政府不断出台政策扶持粮食规模化经营，推动粮食安全目标的实现。

第一，农业补贴政策落实有力。为了促进粮食规模户的发展，国家对粮食生产实行了一系列补贴政策，包括对粮食种植的直接补贴、农机购置补贴、耕地地力保护补贴等，为粮食规模户提供了资金支持，缓解种粮吃亏问题。这些补贴政策大大降低了规模户的生产成本，提升了其在市场中的竞争力。以粮食最低收购价、生产者补贴、目标价格等的支持政策为规模户提供了托底的收益保障，帮助其应对市场价格波动带来的风险。

第二，土地流转政策持续完善。国家鼓励和支持土地流转，使得耕地资源得以合理集中，进一步促进了粮食规模户的发展。通过土地流转，规模户能够获取连片的耕地，减少土地零碎化带来的低效问题。此外，国家还积极推动农村土地确权，完善土地流转的法律保障，为规模户的长期经营创造了稳定的政策环境。

第三，金融与保险支持力度加大。金融支持也是推动粮食规模户发展的关键要素。政府通过设立专项农业贷款、提供财政贴息等方式，帮助粮食规模户解决资金不足的问题。同时，农业保险政策的推广进一步增强了粮食规模户抵御自然灾害和市场风险的能力。例如，农业巨灾保险和政策性农业保险为规模户在生产过程中提供了基本保障，降低了自然灾害对其生产的冲击。

（四）市场参与能力进一步提升

粮食规模户在市场中的地位不断增强，具备较强的市场参与能力和议价能力，这与其在生产规模、信息获取和供应链整合方面的优势密切相关。

第一，产量优势带来更强的议价能力。由于粮食规模户的生产规模较大，其在粮食市场中的供应份额相对较高，这使得规模户在与粮食加工企业、批发商和政府采购的谈判中具备较强的议价能力。与小农户相比，规模户可以通过大批量粮食的集中销售获得更优惠的价格，从而提高自身的经济效益。

第二，信息化带来一定市场优势。规模户在市场信息的获取和使用方面具备显著优势。通过参与农业信息化平台，粮食规模户能够实时掌握市场行情、价格走势和政策变化，从而作出更为理性的生产和销售决策。这种信息优势帮助规模户规避了市场价格波动带来的风险，确保了粮食的稳定供应和销售。

第三，产业链整合带来的附加值。粮食规模户不仅通过生产端参与市场，还逐步向粮食加工、储存、运输等环节延伸。通过整合农业产业链，粮食规模户能够提高农产品的附加值，提升其在市场中的竞争力。同时，规模户还通过合作社、龙头企业等模式，借助品牌效应和营销网络，进一步提升了粮食销售的广度和深度。

（五）可持续发展正在推进

在推动粮食产量增加的同时，粮食规模户在发展过程中也逐渐注重可持续性，尤其是在环境保护和资源利用方面。

第一，采用节水灌溉和节肥节药技术。为了应对农业用水紧张和环境污染等问题，粮食规模户广泛采用了节水灌溉、节肥节药等技术。通过滴灌、喷灌等现代灌溉系统，粮食规模户大幅减少了水资源的浪费，提高了水的利用率。同时，精准农业技术的应用使得规模户能够合理施用化肥和农药，减少化肥农药的过度使用，降低了农业面源污染，推动了绿色农业的发展。

第二，土地保护与轮作休耕。为保持土地肥力和可持续性，粮食规模户逐步采用轮作休耕等土地保护措施。这些措施不仅有助于提高土壤肥力，防止土地退化，还能够有效防止病虫害的积累，提升粮食生产的长期稳定性。部分粮食规模户开始探索绿色农业和有机农业的发展路径，通过减少化学投入品的使用，增加农产品的生态附加值。这种绿色发展模式不仅提升了粮食产品的市场竞争力，也推动了农业的可持续发展。

粮食规模户是中国农业现代化进程中的重要力量，通过提高粮食产量，粮食规模户在确保国家粮食安全方面发挥关键作用。

（一）提高产量

规模化经营相对于传统的小农经济，不仅能够优化土地资源利用，还能够提高生产效率，显著增加粮食产量，从而保障粮食供给的稳定性和持续性。

首先，粮食规模户通过土地的整合和集约化管理，提高了单位面积的产量。通过土地流转，粮食规模户能够将零散的土地整合为大面积耕地，有利于机械化和现代化农业技术的广泛应用。这种集约化管理方式减少了因土地分割带来的资源浪费，使得耕地的利用率显著提高，最终实现粮食产量的提升。

其次，机械化生产是粮食规模户提高粮食产量的重要手段。粮食规模户得益于机械化作业的普及，能够在种植、施肥、灌溉、收割等各个环节上提高效率。现代农业机械设备如拖拉机、播种机、收割机等，不仅提高了作业速度，还减少了因人工操作带来的误差，使得种植密度、作物生长周期等关键因素得到精确控制。这种精细化的生产方式在提高产量的同时，也确保了粮食的质量。

再次，粮食规模户在生产过程中引入了现代农业技术，例如精准农业、科学施肥、病虫害防治等技术手段，这些科技创新为粮食产量的提升提供了技术保障。精准农业技术通过数据监测和分析，帮助粮食规模户更加精确地控制农田的水肥管理，降低资源浪费的同时提高作物生长效率。病虫害防治技术的应用，则有效减少了粮食减产的风险。

最后，粮食规模户还能够通过作物轮作、休耕等方式合理利用土地资源，防止土地退化。合理的种植结构调整和轮作制度不仅能够提高土地肥力，还能够提高不同作物的产量，进一步保障粮食供应的多样性和稳定性。这种可持续的生产方式有助于提高粮食总产量，减少由于土地肥力下降或单一作物生产带来的减产风险。

粮食规模户通过土地集约化、机械化生产、现代技术应用以及可持续的土地管理方式，提高了粮食产量。这种规模化经营模式不仅有效增加了粮食供应总量，也在应对自然灾害、市场波动等风险时提供了更强的抗风险能力。由此，粮食规模户在确保中国粮食安全方面发挥着至关重要的作用，为满足日益增长的粮食需求提供了有力保障。

（二）稳定供应

粮食规模户在确保粮食安全的过程中，不仅通过提高产量发挥关键作用，还通过多维度的手段，尤其在平衡市场供需、保障粮价稳定等方面，确保了粮食供应的稳定性与持续性。

首先，粮食规模户在粮食供应链的各个环节中扮演了重要角色，从生产、储存、加工到运输，规模户具备完善的农业基础设施和物流能力。他们能够将大量生产的粮食储存在现代化的仓储设施中，延长粮食的保质期，避免因天气或市场波动导致的粮食供给不稳定。现代化的仓储与运输体系确保了粮食能够及时进入市场，减少了因储存或运输问题导致的粮食损耗，进一步保障了粮食供应的持续性和稳定性。

其次，规模户在保障粮价稳定方面发挥了至关重要的作用。由于粮食市场容易受到自然灾害、国际粮价波动等因素影响，价格波动较大可能导致粮食供应紧张。规模户通过科学管理和现代农业技术，不仅提高了生产效率，还可以降低生产成本。在粮价下跌时，规模户能够凭借规模效应和成本控制继续维持生产，带动普通农户开展粮食生产。避免大量农户因亏损退出市场，从而保持粮价的基本稳定。

最后，粮食规模户的规模化经营模式使其具备较强的供应能力和区域性辐射效应。与分散的小农户相比，规模户可以大批量、稳定地向市场供应粮食，尤其在需求高峰期或供给短缺时，能够迅速调动资源满足市场需求。这种稳定性不仅有助于保障区域粮食供给，还通过稳定市场粮价，防止粮食供应链出现断裂。

（三）降本增效

降低生产成本和提高种植收益不仅增强了粮食规模户的盈利能力，也为确保粮食安全提供了坚实基础。

粮食规模户能够通过规模化经营有效降低生产成本。与传统的小农户相比，规模户可以大面积集约化耕种，充分利用土地资源，提高耕地利用率。这种规模效应使得粮食规模户能够通过集中采购种子、化肥、农药等农业生产资料，享受批量折扣，降低单位生产成本。此外，规模户通常能够共享或租赁农业机械和设备，从而减少单个农户独立购买农机所带来的高昂成本支出。机械化作业不仅提高了生产效率，还降低了对劳动力的依赖，进一步减少了人力成本。这些措施都使得规模户在生产过程中能够有效控制成本，增加种植收益。

粮食规模户能够在产后环节进一步提高收益。与小农户相比，规模户通常具备完善的粮食储存和初加工设施，这使得他们能够在市场粮价不理想时将粮食进行储存，而不急于销售，从而规避市场价格波动带来的风险。现代化的仓储设备延长了粮食的保质期，使其能够在适当时机以更好的价格出售，增加经济效益。与此同时，规模户还能够通过参与粮食加工、运输等产业链的后续环节，提高附加值，进一步提高种植收益。

降低生产成本和提高种植收益不仅增强了粮食规模户的竞争力，也确保了粮食生产的经济可持续性。当规模户具备较强的盈利能力时，他们能够更加积极地扩大生产、引进技术和提升管理水平，从而在整体上增强粮食生产的稳定性和供应能力。通过降低生产成本和提高种植收益，粮食规模户不仅能够应对市场波动和生产风险，还能够在长期内保障粮食的持续供应，为国家粮食安全提供了强有力的支撑。

（四）推进技术进步

在现代农业中，技术的创新与普及是提高粮食产量、稳定供应以及抵御风险的关键。粮食规模户由于其生产规模大、资金充裕，具备更强的技术应用和推广能力，推动了农业技术的进步和普及。

首先，粮食规模户能够通过引入先进的农业机械和设备，大幅度提高农业生产的机械化水平。例如，现代化的播种机、收割机、灌溉设备等不仅提升了作业效率，还通过精准化操作减少了资源浪费和人为错误的风险。在播种、收割等关键环节，机械化的应用不仅缩短了作业时间，确保了粮食在最佳时间内完成生产，还最大限度地提高了产量。通过规模户的示范效应，机械化生产逐渐在更大范围的农业生产中得到推广，进一步提高了整体粮食生产的效率和质量。

其次，粮食规模户还通过技术培训和示范推广推动技术的普及。规模户通常与农业科研机构、技术推广中心保持密切合作，成为新技术的"试验田"。一旦这些新技术在规模户的生产中验证了其有效性，便可以在更大范围内推广，带动周边农户共同使用新技术。这种技术扩散机制有助于提高整个农业行业的技术水平，促进农业生产的现代化。

最后，粮食规模户推动了抗灾防灾技术的应用。面对日益严峻的气候变化和自然灾害风险，粮食规模户通过使用抗旱、抗涝、抗病虫害等高抗性作物品种，以及推广节水灌溉、保护性耕作等技术，有效降低了灾害对粮食生产的影响，增强了粮食生产的稳定性和抗风险能力，从而保障了粮食安全。

（五）促进资源整合

粮食规模户在确保粮食安全中发挥着重要作用，而其通过提高资源整合与利用程度，能够显著增强农业生产的效率与可持续性。资源整合利用的有效性不仅体现在土地、劳动力、资本等基础生产要素的集约化配置上，还包括农业机械、技术、市场信息等关键资源的高效组合。粮食规模户凭借其规模化经营的优势，能够通过更加科学合理的方式，优化农业生产过程中各类资源的配置，从而保障粮的稳产高产。

首先，粮食规模户在土地资源的整合上具有显著优势。相比于传统的小农户，粮食规模户通过土地流转和规模化经营，打破了土地的细碎化，使零散的小块农田得以连片整合。这种土地整合的好处不仅在于减少了生产作业中的浪费，还能够为机械化、智能化的农业生产创造条件。通过集中连片耕作，粮食规模户能够更加高效地安排机械作业，减少土地闲置和资源浪费，最大化提高土地利用率，进而提升粮食产量。

其次，粮食规模户能够通过整合农业机械、农资等生产要素，提高资源综合利用效率。规模户能够通过集中采购种子、化肥、农药等农资，享受批量折扣，从而降低生产成本。同时，规模户在农机的使用上也具备更高的集约化管理水平。规模化农场通常配备现代化的农机设备，可以在短时间内完成大面积土地的耕种、收割等作业，减少了人工劳动力的投入，进一步提升了生产效率。此外，规模户还能够通过共享农机资源或租赁农机服务，最大化利用农机设备，避免了小农户因设备购置与维护费用过高而导致的资源浪费问题。

在水资源与能源的整合利用上，粮食规模户也表现出强大的适应能力。随着气候变化导致水资源日益紧张，节水灌溉技术成为提高农业水资源利用效率的重要手段。粮食规模户可以通过集中建设节水灌溉设施，如滴灌、喷灌等，实现水资源的精确管理，减少浪费。与此同时，规模化经营使得粮食大户可以更加灵活地整合可再生能源，如秸秆、沼气等，应用于农业生产中的电力供应或烘干机械动力，降低对传统能源的依赖，减轻农业生产中的能源成本压力。

现代农业生产不仅依赖物质资源的高效整合，还要求及时获取并有效利用市场、气候、技术等方面的信息资源。粮食规模户通常能够借助农业信息化平台，获取精确的市场供需信息、气候预测数据、农产品价格波动趋势等，从而作出合理的生产决策。规模户能够在粮食市场供需波动时，通过信息整合提前调节种植计划，减少因市场价格波动带来的风险。通过科学化、信息化的资源整合，粮食规模户在应对市场变化时具备了更强的灵活性和稳定性，进一步确保了粮食供应的持续性。

粮食规模户还能够通过产业链的纵向整合，实现对资源的更高效利用。通过参与粮食加工、运输、仓储等环节，规模户不仅能够延长产业链条，提高粮食产品的附加值，还能够通过整合各环节的资源减少浪费，提高经济效益。同时，粮食规模户具备较强的仓储和流通能力，在市场供需不平衡时可以调控粮食的出入库时间，从而平衡市场供应，确保粮食安全。

（六）承担社会责任

粮食规模户不仅通过技术创新和生产效率的提高确保粮食安全，还在履行社会责任方面发挥着重要作用。

首先，粮食规模户通过在当地提供就业机会，有助于增加居民收入，这对于过去脱贫、当下防止返贫和促进区域经济发展具有积极影响。通过为本地较低收入居民创造稳定的工作机会，粮食规模户帮助他们增加经济收入、提升生活质量。

其次，粮食规模户通过参与爱心捐赠活动，展现了社会责任感。这些捐赠可能包括向当地落后地区捐赠粮食、资助教育项目或支持其他社会福利事业。通过这些捐赠活动，粮食规模户不仅解决了困难群众的吃饭问题，而且帮助解决了社会问题，增强了公众对其的信任和好感。

最后，在面对如新冠疫情这样的突发事件时，粮食规模户在保障粮食供应方面发挥了关键作用。很多粮食规模户有强烈的社会责任感，在突发状况下，无私提供粮食援助。通过维持稳定的生产和供应链，可以帮助粮食规模户在紧急情况下确保本地粮食的充足供应，从而减轻突发事件对粮食安全的影响。这种保供作用不仅保障了民众的基本生活需求，也有助于维护社会稳定和秩序。

第四章

粮食规模户特征和经营行为调整

本章研究以玉米为切入点，分析收储制度改革以来粮食规模户经营行为调整的特征事实。首先介绍玉米收储制度改革的政策背景，其次介绍本章研究采用的数据来源，最后对规模户基本情况进行描述性统计分析，从面上把握规模户的基本特征。

一、 政策背景

本章研究关注的政策背景是粮食收储制度改革，以玉米为例。粮食收储制度改革是农业供给侧结构性改革的重点和难点（朱晓乐，2018；刘慧等，2018；陈锡文，2016），直接影响粮食价格形成，关乎国家粮食安全。针对托市收储政策带来的一系列问题，中国政府从 2014 年以来不断加速市场化改革进程。党的十八届三中全会确定要"发挥市场在资源配置中的决定性作用"，2017 年中央一号文件《中共中央 国务院关于深入推进农业供给侧结构性改革 加快培育农业农村发展新动能的若干意见》进一步确定农业农村改革中要坚持市场导向，依靠市场力量和市场手段成为粮食收储制度改革的主要思路。2014 年对东北和内蒙古大豆启动了目标价格补贴政策试点改革，2016 年在东北三省和内蒙古自治区取消玉米临时收储政策，调整为"市场化收购"加"补贴"的新机制，与此同时着手推进玉米去库存和加工转化。此轮收储市场化改革以玉米为着力点，产业链条得到激活，市场活力也逐渐恢复。与此同时，随着市场活力的放开，玉米市场波动程度也在增加，给粮食规模户经营带来更多的不确定性。本研究在这样的背景下，分析粮食规模户的经营行为如何调整适应。

（一）政策设计

2014年中央一号文件《中共中央 国务院关于全面深化农村改革加快推进农业现代化的若干意见》明确提出，完善粮食等重要农产品价格形成机制，继续坚持市场定价原则，探索推进农产品价格形成机制与政府补贴脱钩的改革。2016年托市收储政策改革首次涉及三大主粮作物中的玉米，按照市场定价、价补分离的原则和保障农民合理收益的要求，在东北三省和内蒙古自治区将玉米临时收储政策调整为市场化收购加定额补贴的新机制。

2016年3月，国家发展改革委会同中央农办、财政部、农业部、粮食局等部门召开2016年玉米收储制度改革新闻通气会上，财政部表示，2016年中央财政对东北三省和内蒙古自治区给予一定的财政补贴，由地方统筹将补贴资金兑付给玉米种植者。补贴政策安排的框架：一是市场定价、价补分离；二是定额补贴、调整结构，即国家对各省区补贴水平保持一致，促进种植结构调整；三是中央支持、省级负责，即中央财政将一定数额的补贴资金拨付至省级政府，并赋予地方自主权，由各省区制订具体的补贴实施方案，确定本省区的补贴标准、补贴对象、补贴依据等；四是公开透明、加强监督，即地方政府充分利用此前粮食直接补贴的工作基础，确保将国家财政补贴资金兑付给玉米实际种植者。同年大豆目标价格试点结束并不再继续，2017年国家发展改革委、国家粮食局、财政部、农业部、中国人民银行、中国银行业监督管理委员会联合发布了《关于切实做好 2017 年东北地区玉米和大豆收购工作的通知》，要求东北三省和内蒙古自治区的玉米、大豆实施市场化收购加补贴机制。2017 年新粮上市期间，将不再实施政策性收储计划，由企业按照市场价格进行收购，同时，对黑龙江、吉林、辽宁和内蒙古的种粮农户实施玉米大豆生产者补贴制度，确保农民种植收益。

（二）改革措施

针对收储制度带来的突出问题，2014 年政府以玉米为切入口，从"调产量、控增量、去存量"等方面着手，理顺粮食产业链条。

1. 通过农业结构调整主动减少粮食产量

产量结构性过剩是当前我国农业面临的突出矛盾（韩长赋，2017），供需脱节、产量无效增长会增加粮食收储压力。2015 年 11 月农业部发布"镰刀弯"地区玉米种植面积调减意见，力争 2020 年相应地区玉米种植面积减少 5000 万亩以上。2016 年全国籽粒玉米调减 3000 万亩，2016 年黑龙江调减玉米面积 1922 万亩，第四、第五积温带的玉米调减 543 万亩，同比减少 46.8%，调减总面积占全国调减面积的 2/3。除此之外，新一轮退耕还林政策实施，地下水超采、重金属污染耕地治理等措施出台（伍振军等，2018），加速玉米种植面积下降。全国玉米播种面积从 2015 年的 44968 万公顷下降到 2017 年的 42399 万公顷；玉米产量从 2015 年最高的 26499.2 万吨下降到 2017 年的 25907.1 万吨。此外，稻谷播种面积从 2015 年的 30784 万公顷下降到 2017 年的 30747 万公顷。《2018 年种植业工作要点》进一步指出要压缩东北地区压减寒地低产区粳稻和长江流域双季稻产区籼稻约 1000 万亩。

2. 以玉米收储市场化改革控制入库规模

以"市场化收购"加"补贴"方式取代临时收储，收缩政策性收购范围，控制玉米入库规模。从 2016 年至 2017 年 3 月 8 日，东北地区累计收购玉米 8152 万吨，其中多元市场主体收购数量约占收购总量的 80%。由此估算 2016 年东北地区政府玉米收储量为 1630.4 万吨，相比 2015 年中储粮临储玉米超 1 亿吨的收购量，下降了约 84%。从全国面上来看，国有粮食企业玉米收购量从 2015 年的 15046.6 万吨，下降到 2016 年的 10331.5 万吨。没有政府定价扭曲市场价格形成机制，临储承储企业让位于市场收购主体，入库规模明显减少，国库仓容压力有所缓解，政府回归市场调控本职。东北地区临储改革期间，中储粮、中粮、中航等央企和当地加工企业始终在市、均衡收购，充分发挥了引导和稳定市场的作用。

3. 以支持加工和限制进口加快粮食出库

启动临储玉米划转轮换销售、超期和席芡囤储存粮食定向销售，加快粮食出库。此外，针对玉米替代品不受配额管理导致的进口冲击（陈锡文，2016），政府通过支持加工转化和控制替代品进口来理顺国内产销关系。一是主要产区黑吉两省出台补贴政策。2016 年黑龙江省对饲料加工企业和深加工企业加工 2016 年新玉米给予 300 元/吨补贴。吉林省 2016 年和 2017 年连续出台《吉林省玉米深加工企业财政补贴管理办法》给予 200 元/吨补贴，2018 年继续出台《吉林省玉米、大豆加工企业财政补贴管理办法》。二是国家能源局出台一系列燃料乙醇加工产业支持政策拉动玉米库存消耗。2016 年 10 月国家能源局发布《生物质能源发展"十三五"发展规划》将 2020 年燃料乙醇使用量的目标定在 400 万吨。国家能源局《2017 年能源工作指导意见》明确适度扩大生物燃料乙醇生产规模和消费区域。黑龙江、辽宁、吉林等地区相继出台的玉米深加工补贴方案指向明确,补贴产品为淀粉、淀粉糖、氨基酸、化工醇、酒精等玉米深加工制品。三是通过反倾销、进口许可证等控制玉米及其替代品进口。2015 年 9 月 1 日商务部、海关总署将大麦、高粱、木薯和玉米酒糟纳入自动进口许可管理,2016 年 1 月 12 日商务部对原产于美国的进口干玉米酒糟进行反倾销立案调查。

(三)改革成效

收储制度改革以来,玉米消费得到有效提振。2016～2017 年度国内玉米消费量为 20168 万吨,比 2016 年增长 13.6%,其中玉米饲料消费量增幅 14.6%、工业消费增幅 16.4%。玉米及其替代品进口量显著降低,玉米酒糟进口量从 2015 年的 682.1 万吨降低到 2017 年的 39.1 万吨,高粱进口量从 1070 万吨下降到 560 万吨,大麦进口量从 1073 万吨下降到 886 万吨(伍振军等,2018)。2016 年累计销售政策性粮油 1236 亿斤,成交量为 2015 年的 3.3 倍(徐鸣,2017)。2017 年政策性粮食库存消化 1690 亿斤,是 2016 年的 1.37 倍,2013 年及以前的玉米已基本销售完毕,政策性玉米库存比历史最高点下降 28%(张务锋,2018)。

当前改革在缓解巨量库存压力、理顺产业链条上效果非常显著。有关收储本身的改革中,"收"的方面以市场化收购取代托市收储,改革力度最大。"储"的方面则主要以去库存为核心,采取"完善拍卖机制、定向销售、包干销售"措施。但去库存有一定的应急性质和短期属性,并非收储制度市场化改革的长久之计。随着市场化收购开展和高库存逐渐缓解,需要进一步探索建立市场化收储长效机制。

有学者注意到此轮改革带来的负面影响。比如农民玉米种植收益显著下降(李娟娟等,2018),增加种植结构调整难度(顾莉丽和郭庆海,

2017)，生产者补贴效率低下、公平性不足（顾莉丽和郭庆海，2017），过度强调加工转化导致玉米加工产能出现过剩风险（武舜臣和王金秋，2017；李娟娟等，2018）。这些问题集中在收储制度带来的农业支持效应和产业链传导效应等（武舜臣和王金秋，2017）。

二、 数据来源

本书所用数据来源于"全国新型农业经营主体发展指数调查"。该项目由经济日报社中国经济趋势研究院负责总体组织与协调，中国人民大学负责调查设计，零点有数科技有限公司和清研灵智信息咨询有限公司负责执行。2016 年 5 月 ~ 2017 年 3 月、2017 年 11 月 ~ 2018 年 3 月、2019 年 10 月 ~ 2020 年 1 月开展了三期"全国新型农业经营主体发展指数调查"，针对新型农业经营主体基本情况、经济绩效、社会绩效、生态绩效、发展前景、农业信息化等方面搜集到大量一手数据资料，调查地点涉及 23 个省（自治区、直辖市）。为提高调查效率和数据质量，三期调查均根据调查问卷专门开发了 App 应用软件，同时在调查过程中运用了GPS 定位、录音和拍照等技术手段。

第一期调查采用分层随机抽样与两阶段抽样的抽样设计。首先，以全国各县域 2014 年第一产业增加值为依据进行分层随机抽样，从全国抽取 150 个县作为样本县。其次，从被调查县政府部门获得新型农业经营主体登记注册名单后，根据调查配额等距抽取具体的调查对象，调查数据由调查公司分布在全国各地的调查员入户调查获得。第一期调查最终获得的总样本为 5191 个，包括 1222 个合作社样本、1343 个家庭农场样本、2017 个专业大户样本及 609 个农业产业化龙头企业样本。

第二期调查从第一期已有的 5191 个样本中选择 3000 个样本进行

追踪回访，并在新型农业经营主体所在地选择一定数量的小农户进行调查，以形成与新型农业经营主体的对比。首先，第二期调查按照3000∶5191的比例与各新型农业经营主体第一期样本数相乘，对数据取整后确定各主体的拟调查样本数。其次，按照第一期在某一地区调研到的样本数占总样本数的比例确定该地区第二期的拟调研样本数。最后，根据上述两步计算的第二期各主体各地区的拟调查样本数，从第一期调研得到的样本中随机抽取样本，进行追踪回访。第二期调查最终获得的总样本为3817个，包括706个合作社样本、776个家庭农场样本、1166个专业大户样本、366个农业产业化龙头企业样本及803个小农户样本。

第三期调查在第二期调查的基础上围绕乡村振兴补充了村庄调查，以了解新型农业经营主体所处的环境状况。在第三期被调研样本中，有3307个样本为追踪样本，占总样本数的95.36%。新增样本为调查公司针对原定样本拒访（面访三次拒绝）、消亡、改行等情况就近选择的原定样本所在村庄未接受过调查过的样本。第三期调查最终获得的总样本为3937个，包括711个合作社样本、907个家庭农场样本、1055个专业大户样本、371个农业产业化龙头企业样本、768个小农户样本和125个村庄样本。第三次调查收集了各主体2018年的相关数据。要注意到，第三期调查有访问到初始期参与调查但第二期未参与的样本。

总体来看，该调查涵盖了四类新型农业经营主体：家庭农场、专业大户、合作社和龙头企业。本书关注规模户，故采用家庭农场和专业大户部分数据。该调查执行了三期，形成了2015年、2016年、2017年、2018年共四期面板数据，时间跨度覆盖玉米收储制度改革，适合本书研究应用。通过数据清理，共获得8447个规模经营户有效样本，见表4-1。其中，2015年有3357个；2016年和2017年的调查样本量相同，为1942个；最近的2018年有样本1206个。本书仅对种植玉米的规模户开展分析，经筛选后样本数量为 2029 个。其中，2015 年 617 个、2016 年 522 个、2017 年 495 个、2018 年 395 个。在玉米种植规模户中，来自三省一区（辽宁、吉林、黑龙江和内蒙古，下同）的样本有 293 个，非三省一区的样本为 1736 个（见表 4 - 1）。

表 4 - 1　　　　　　　　调研数据与分析样本　　　　　　　　单位：个

年份	总样本	玉米	玉米：三省一区	玉米：非三省一区
2015	3357	617	90	527
2016	1942	522	81	441
2017	1942	495	80	415
2018	1206	395	42	353
合计	8447	2029	293	1736

 三、 **粮食规模户基本情况**

（一）基本特征

根据表 4 - 2，规模户中男性占比大，高达 90.77%。其中家庭农场占 91.51%，专业大户占 90.14%。规模户的受教育状况较好，43.63% 的规模户为初中学历。23.04% 的规模户有高中或中专学历，其中家庭农场占比为 25.36%，专业大户为 21.04%。有 8.21% 的规模户有大专或本科及以上学历，其中家庭农场为 6.95%、专业大户为 9.29%。从地区分布来看，规模户在东部地区所占比例为 54.84%，在中部地区所占比例为 37.82%，在西部地区所占比例为 7.34%。其中更多的家庭农场集中在东部地区，更多的专业大户集中在中部地区。总体来看，规模户更集中于东部发达地区，拥有更优的人力资本禀赋。

表 4 − 2 规模户的基本特征 单位:%

变量		家庭农场	专业大户	合计	变量		家庭农场	专业大户	合计
性别	男	91.51	90.14	90.77	受教育程度	小学及以下	24.04	26.07	25.13
	女	8.49	9.86	9.23		初中	43.66	43.60	43.63
地区	东部	50.72	58.39	54.84		高中/中专	25.36	21.04	23.04
	中部	42.01	34.22	37.82		大专/本科及以上	6.95	9.29	8.21
	西部	7.28	7.39	7.34					

（二）经营特征

在土地规模方面，规模户的平均土地规模为 170.59 亩，专业大户的平均土地规模为 183.01 亩，高于家庭农场的 156.15 亩。规模户在土地经营方面相对集中，规模化程度较高。

在经营类型方面，种植业是主要经营范围，家庭农场和专业大户的占比分别为 81.59% 和 65.02%，总体平均为 72.68%。养殖业在专业大户中的占比为 34.31%，高于家庭农场的 20.18%，这可能反映了专业大户在经营多元化方面的优势。农产品加工业和其他经营类型的占比相对较低，规模户合计分别仅为 1.48%、0.87%，表明大多数规模户仍以传统的种植和养殖为主。

在固定生产资料方面，规模户的农业固定资料平均价值为 132070.06元，其中，家庭农场为 98455.10 元，专业大户为 160969.37 元。具体来看，专业大户在各类固定资产上的投资普遍高于家庭农场。两者在大中型铁木农具上的平均投资为 14997.27 元，其中家庭农场平均为 11846.89 元，专业大户平均为 17705.70 元。此外，专业大户在农林牧渔业机械、运输机械和生产用房上的投资分别为 6901.52 元、17021.30 元和 88418.01 元，显著高于家庭农场的 4383.91 元、11350.65 元和 30922.93 元。这一差异可能与专业大户更倾向于规模化和机械化生产有关。设施农业固定资产方面，家庭农场的平均投资为 31867.51 元，高于专业大户的 24580.19 元。这可能反映了家庭农场在提高生产效率和产品质量方面的投资倾向。

在总收入方面，规模户的总体平均收入为 37.33 万元，其中家庭农场的平均年收入为 38.40 万元，略高于专业大户的 36.41 万元。这一结果表明，尽管专业大户在土地和固定资产投资上更为集中，但家庭农场在收入方面并未显著落后，这可能与家庭农场在成本控制和市场定位方面的优势有关。

综合上述数据（见表 4-3），从规模户内部分布情况来看，专业大户在土地规模和固定资产投资方面表现出更强的规模化和机械化倾向，而家庭农场则在某些固定资产投资和总收入方面表现较好。这可能与家庭农场在经营策略上更为灵活、更注重成本效益和市场定位有关。此外，养殖业在专业大户中的较高占比表明，多元化经营可能有助于提高收入和风险分散。因此，政策制定者应考虑支持规模户在技术培训、市场信息、金融服务等方面的发展，以促进其经营的稳定性和可持续性。同时，鼓励规模户根据自身优势和市场需求，发展多元化经营，提高抗风险能力和市场竞争力。

表 4-3　　　　　　　　　　规模户的经营特征

特征	分类	家庭农场	专业大户	合计
土地规模	土地规模（亩）	156.15	183.01	170.59
经营类型	种植业（%）	81.59	65.02	72.68
	养殖业（%）	20.18	34.31	27.78
	农产品加工业（%）	0.55	2.27	1.48
	其他（%）	0.55	1.14	0.87

特征	分类	家庭农场	专业大户	合计
固定生产资料	大中型铁木农具（元）	11846.89	17705.70	14997.27
	农林牧渔业机械（元）	4383.91	6901.52	5737.67
	工业机械（元）	8083.21	6342.65	7147.28
	运输机械（元）	11350.65	17021.30	14399.85
	生产用房（元）	30922.93	88418.01	61838.99
	设施农业固定资产（元）	31867.51	24580.19	27949.00
	合计（元）	98455.10	160969.37	132070.06
总收入	总收入（万元/年）	38.40	36.41	37.33

（三）政府支持

图4-1显示了规模户获得的不同类型的政府支持情况。在政府补贴总额折算方面，规模户整体的平均值为0.59万元，其中家庭农场的平均值为0.82万元，而专业大户的平均值为0.39万元。这表明家庭农场获得的政府补贴总额较高，可能是因为家庭农场在某些方面更符合政府的补贴标准，或者政府更倾向于向家庭农场倾斜。

在信贷支持方面，39.30%的规模户获得了信贷支持，其中，专业大户的受益比例最高，达到43.32%；而家庭农场为34.62%。专业大户在获得信贷支持和产业扶持方面的比例高于家庭农场，这可能反映了专业大户在规模经营和市场竞争力方面的优势，使得他们更容易获得政府的金融和产业支持。此外，专业大户可能拥有更强的市场谈判能力和风险管理能力，从而在申请贷款时更为成功。

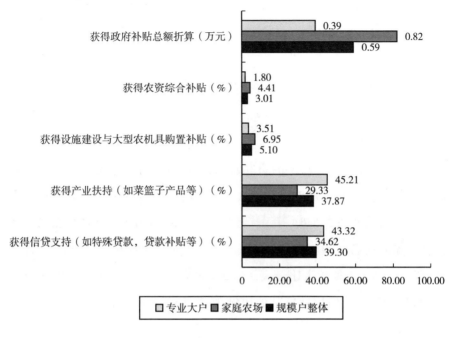

获得政府补贴总额折算（万元）　0.39　0.82　0.59

获得农资综合补贴（%）　1.80　4.41　3.01

获得设施建设与大型农机具购置补贴（%）　3.51　6.95　5.10

获得产业扶持（如菜篮子产品等）（%）　45.21　29.33　37.87

获得信贷支持（如特殊贷款，贷款补贴等）（%）　43.32　34.62　39.30

□ 专业大户 ■ 家庭农场 ■ 规模户整体

图 4－1　规模户获得的政府支持

在产业扶持方面，规模户整体获得支持的比例为 37.87%，其中，专业大户的比例为 45.21%，远高于家庭农场的 29.33%。这可能是因为专业大户在产业发展方面面临更大的压力，需要更多的政策支持来维持和扩大生产规模。

在设施建设和大型农机具购置补贴方面，仅有 5.10% 的规模户获得了此项支持，家庭农场的受益比例为 6.95%，而专业大户较低，仅为 3.51%。这可能是因为设施建设和大型农机具购置成本高昂，需要大量的资金投入，而政府提供的补贴额度有限，不足以满足所有规模户的需求。在农资综合补贴方面，规模户整体获得的比例为 3.01%，其中，家庭农场的比例为 4.41%，而专业大户的比例仅为 1.80%。

综上所述，规模户在获得政府支持方面存在一定的差异，这可能与其经营规模、经营策略、政策设计等因素有关。

（四）信贷保险

规模户维持经营所需要的资金量大，相比普通农户的借款意愿强烈。样本数据显示，家庭农场考虑通过借款方式获得发展所需资金的比例高达71.77%，专业大户的比例是63.83%。与高需求相对应的是较低的获得贷款比例。仅有32.85%的家庭农场、43.75%的专业大户从农村信用社（银行）等正规渠道申请过贷款。按照借款总金额来看，家庭农场的平均累计借款金额为5.61万元，专业大户为5.90万元。按照借款来源渠道分，家庭农场从银行贷款的占比为27.90%、从信用社贷款的比例为28.57%；私人借款的占比最大，为34.69%。专业大户从银行贷款的占比为25.14%、从信用社贷款的比例为29.56%；私人借款的占比最大，为40.02%。

规模户的贷款来源偏好明显。从图4-2中可以看出，家庭农场和专业大户的主要贷款来源是亲朋无息借款，分别占37.33%和47.50%。这表明家庭农场和专业大户在贷款方面更倾向寻求亲友的帮助，而不是正规金融机构。在正规金融机构中，信用社等商业银行是家庭农场和专业大户的重要贷款渠道，分别占45.33%和35.00%。信用社等商业银行在农村金融市场中的地位较为重要，是规模户的主要贷款来源之一。在政策性银行方面，家庭农场和专业大户的贷款比例分别为1.33%和3.33%，这表明政策性银行在规模户贷款考虑中较少。在合作社或协会、资金互助社等互助组织方面，家庭农场和专业大户的贷款比例分别为1.33%和5.00%。在贷款公司或村镇银行方面，家庭农场和专业大户的贷款比例分别为0.83%和6.00%。这两类组织在规模户贷款中的作用也不太突出。在民间高利贷方面，家庭农场和专业大户的贷款比例均为0，这表明规模户很少选择民间高利贷作为贷款渠道。获取贷款的倾向主要是受现实制约。正规贷款需要的要求高、手续多，规模户很难成功拿到贷款，只能主要依靠自筹。

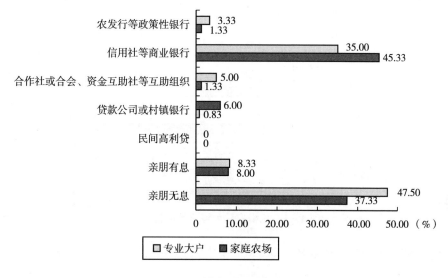

图 4 - 2 规模户倾向的贷款来源

规模户在选择借款对象时也有明显偏好。从图 4 - 3 中可以看出，银行是家庭农场和专业大户最信赖的贷款来源，分别占 57.75% 和 56.91%。这表明银行在规模户心中的信誉度较高，是规模户首选的贷款渠道。家庭农场和专业大户对亲戚信任度分别为 30.99% 和 25.00%，比银行略低。对朋友和生意伙伴的信任度也偏低，家庭农场和专业大户对朋友的信任度分别为 5.63% 和 9.57%，对生意伙伴的信任度分别为 4.23% 和 6.38%。对非正规金融机构，如合作社、资金互助社等，家庭农场和专业大户的信任度很低，分别为 1.41% 和 2.13%。因此，综上所述，银行是规模户最信赖的贷款来源，其次是亲戚。

除了获得贷款外，规模户也会向周围普通农户提供借款帮助。从 2018 年调研的情况来看，有 21.61% 的家庭农场、16.21% 的专业大户会提供借款帮助。在有向小农户提供借款帮助经历的家庭农场和专业大户

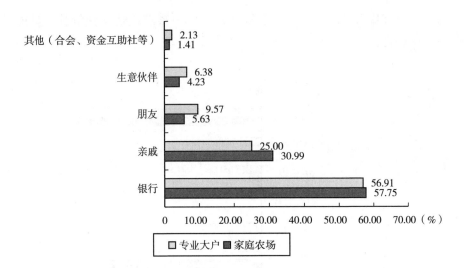

图 4 - 3 规模户认为可靠的借款对象

中，平均每一个家庭农场向 3.78 个小农户提供借款帮助，平均每一个专业大户则向 3.66 个小农户提供借款帮助。平均每一个专业大户累计提供借款 6.96 万元，年均 2.32 万元；而家庭农场累计提供借款的平均水平为6.97 万元，年均也为 2.32 万元。

在保险方面，农业保险的普及率相对偏低。仅有 21.70% 的家庭农场、20.92% 的专业大户投保了农业保险。投保金额不高，分别为 1357.82元、1348.67 元。之所以形成这样的局面，是因为约有 60% 的规模户认为"保险赔付少"，约 30% 的规模户认为"收入少，不值得投保"没有购买农业保险，还有一部分认为"当地灾害少，没必要"没有购买农业保险。

四、 粮食规模户经营行为调整态势

将经营行为调整划分为多个层次和程度。首先，土地经营面积最能直观反映规模户经营活动的改变，可将其设定为行为分化的显性指标。根据经营土地面积的前后差异，可将调整程度分为完全退出、部分退出、维持不变和增加经营面积四类。其中，完全退出和部分退出划分为"毁约跑路"的范畴；增加经营面积属于"逆势加码"。在实践中，调整经营面积是生产者在极端亏损或获利情况下的最终选择。更多的规模户并没有调整土地经营面积，而是调整了非土地类生产资料投入（Kazukauskas et al.，2013）。其中，农业固定资产投入数量最能体现经营者对市场未来走势的预期。

然后，进一步设置经营行为分化的隐性指标。可以根据非土地类的农业固定资产投资数量的前后差异，将隐性指标分为减少投资、维持不变和增加投资三类。其中，增加投资也在"逆势加码"的范畴内。

（一）退出经营：玉米规模户退出率高于总样本退出率

调查中访问了经营者在被调查时点的运营状态，分为运行、消亡两类。由此，可以判断追踪农户退出经营的情况。如表 4 - 4 所示，在第二轮调查共追踪了 1770 户规模户，其中，有 37 户退出经营，占追踪样本的 2.09%。第三轮调查追踪了 1087 户规模户，其中退出经营的有 32 户，占追踪样本的 2.94%。在种植玉米的规模户中，第二轮调查追踪了 480 户，其中，退出经营的有 9 户，占 1.88%。在第三轮样本中，追踪户有 341 户，退出经营的有 11 户，占追踪样本的 3.23%。与总样本相比，第二轮调查（2017 年实施）的退出率略低于总样本，但在第三轮调查中退出率显著提高，且高于总样本的退出率。可能的原因在于，玉米收储制度改革带来的冲击具有滞后效应。

表 4 - 4　　　　　　　　　　规模户直接退出经营的情况　　　　　　　　　单位：户

样本类型	第一轮调查	第二轮调查		第三轮调查	
		追踪户	退出经营	追踪户	退出经营
总样本	3365	1770	37	1087	32
玉米种植样本	617	480	9	341	11

（二）经营调整：玉米种植面积和投资均显著下降

　　玉米规模户的平均总经营面积经历两年下降后，到 2018 年开始回升。如表 4 - 5 所示，2015 年总经营面积的均值达到 184.20 亩，收储制度改革当年（2016 年）下降为 142.40 亩，次年（2017 年）进一步下降到 137亩。然而 2018 年，经营面积的均值提高到 147.90 亩。

表 4 - 5　　　　　玉米规模户土地经营和农业固定资产投资行为

经营行为	年份	样本量	均值	标准差
总经营面积 （亩）	2015	603	184.20	257.10
	2016	469	142.40	231.10
	2017	447	137.00	216.80
	2018	393	147.90	211.30
玉米种植面积 （亩）	2015	617	139.40	175.20
	2016	522	101.50	158.90
	2017	495	102.60	160.20
	2018	393	80.72	146.20
农业固定资产投资 （万元）	2015	617	17.69	28.45
	2016	522	1.45	4.69
	2017	495	1.35	5.52
	2018	376	1.50	5.52

　　玉米规模户的玉米种植面积则呈现持续下降的态势。收储制度改革前一年，样本平均玉米种植面积为 139.40 亩。收储制度改革以后，平均

种植面积为 101 亩。到 2018 年，平均种植面积下降到 80.72 亩。

农业固定资产投资数额呈断崖式下跌。收储制度改革以前，玉米规模户当年的固定资产投资金额达到 17.69 万元。而在收储制度改革当年，玉米规模户投资量锐减至 1.45 万元，2017 年进一步下降到 1.35 万元，2018 年略有回升到 1.50 万元。

可以看到，收储制度改革对玉米规模户的冲击比较大，其玉米种植面积呈现逐年下降趋势。总经营面积和农业固定资产投资额也在收储制度改革当年和次年下降，尤其固定资产投资大幅下滑。主要原因在于土地经营受租约期限等的影响，调整具有一定刚性。而投资则取决于上一期收益和规模户自身的资本实力，最能体现其对未来市场的判断，灵活性大。

（三）动态走势：经营规模增减并存

为了更全面地了解玉米规模户经营行为调整的情况，将经营总面积、玉米种植面积、农业固定资产投资面积的变化情况，分为年内布局、年际变化两个维度去分析。

从经营总面积的变化来看，在第二轮调查中（2017 年），总经营面积相比 2015 年第一轮调查，减少的样本占比高达 49.26%，不变的为12.59%，增加的比例达到 38.15%。在第三轮调查中，总经营面积减少的占比下降为 32.14%，增加的比例上升到 52.04%（见图 4-4）。

从玉米种植面积的变化来看，收储制度改革当年玉米种植面积减少的比例达到 46.3%，不变的占 17.41%，与此同时增加的比重占 36.3%。到 2017 年，种植面积维持不变的比重高达 82.89%，减少或者增加的比重均在 10% 以下，玉米种植面积比较稳定。而到 2018 年，减少和增加又同时出现，且占比非常接近，其中减少的占比为 38.27%，增加的占比为39.8%，维持不变的为 21.94%（见图 4-5）。

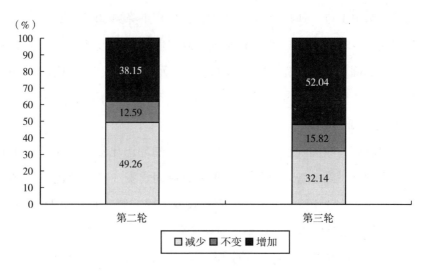

图4-4 玉米规模户总经营面积变化（相比上一轮）

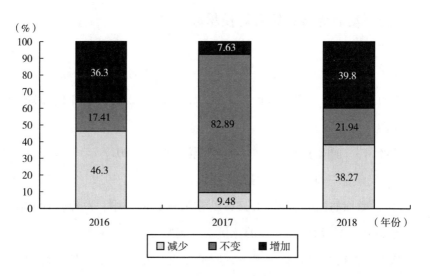

图4-5 玉米规模户玉米种植面积变化（相比上一年）

　　从农业固定资产投资来看，收储制度改革对未来投资的影响是巨大的。收储制度改革实施当年，农业固定资产投资额度相比2015年下降的比重高达62.96%，不变的为28.89%。到2017年、2018年，固定资产投资额度不变的占绝大比例，分别为72.58%和57.14%。随着时间推移，增加投资的比重在逐年增加，2018 年增加投资的比重达到 24.49% （见图 4-6）。

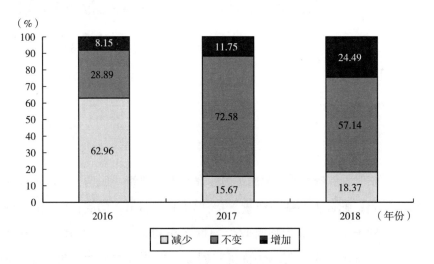

图 4-6　玉米规模户农业固定资产投资额变化（相比上一年）

从对四期调查数据的描述性统计分析来看，收储制度改革对玉米规模户经营行为有一定冲击。第一，种植玉米的规模户退出率高于规模户总样本，且政策冲击表现出一定的滞后性。第二，玉米规模户的经营和投资行为在改革以后放缓，其中玉米种植面积持续下降，经营总面积和农业固定资产投资额度在改革后两年内下降，在 2018 年市场稳定后略有回升。第三，改革以后规模户减少和增加规模的情况并存，改革发生当年及以后减少经营活动的比重更大，2017 年大多数规模户维持了上一年经营规模，2018 年以后增加经营的比重较大。第四，农业固定资产投资额对改革的冲击更为敏感，土地经营和玉米种植面积调整具有一定刚性。更为准确的结论，需要经过下一步实证分析确定。

第五章

粮食规模户经营行为调整的实证分析

　　玉米临时收储制度改革遵循了国际农业支持政策"脱钩"（decoupled）改革的思路，把过去补贴与产量直接挂钩（coupled）的支持方式改为脱钩。从实践上来看，玉米临时收储制度改革以来，库存压力极大缓解、国内外价差逐渐缩小、市场定价机制恢复。产业链理顺和政策负担缓解的背后，农户承受了巨大压力，其中规模经营户生计问题尤为严峻。伴随临储取消带来市场价格波动、风险因素增加，依靠租地种植的粮食规模户亏损较大，"跑路"或"毁约弃租"现象在改革当年就频频出现。本章基于具有全国代表性的四期微观追踪调查数据，构造双重差分模型，分析临时收储制度改革对规模户玉米种植行为的影响、机制和可能的缓解路径。

 样本情况与变量选择

（一）样本情况

　　本书采用的分析样本情况如表 5－1 所示。其中，玉米种植户分为在三省一区和非三省一区。从表中可以看出，总体样本数量逐年下降，从 2015 年的 3357 个样本降至 2018 年的 1206 个样本。在这四年中，玉米种植户的总数分别为 617 个、522 个、495 个和 395 个，总计 2029 个样本。在三省一区，玉米种植户在 2015~2018 年四年的数量分别为 90 个、81 个、80 个和 42 个，总计 293 个样本。而在非三省一区，四年间玉米种植户的数量分别为 527 个、441 个、415 个和 353 个，总计 1736 个样本。

表 5-1　　　　　　　　　　调研数据与分析样本　　　　　　　　单位：个

年份	总数	玉米	玉米：三省一区	玉米：非三省一区
2015	3357	617	90	527
2016	1942	522	81	441
2017	1942	495	80	415
2018	1206	395	42	353
总数	8447	2029	293	1736

（二）变量选择

本书关注的主要变量为玉米种植面积。玉米种植面积作为核心解释变量，直接反映了粮食规模户的生产规模。玉米种植面积的变化，反映了规模户在风险冲击之下的经营行为调整，对分析其农业产出和经济效益具有重要价值。

为了验证收储制度改革以后，规模户应对风险的行为调整机制，纳入机制变量开展分析。机制变量包括农业固定投入和亩均玉米收益。农业固定投入用当年农业固定投入情况衡量。农业固定投入（如农机、灌溉设施等）反映了农户在生产中的资本投入，这些投入决定了农户是否有能力扩大种植规模。较高的固定投入意味着农户有更多的资本支持大规模生产。亩均收益是衡量种植效益的重要指标，较高的亩均收益可能会激励农户增加种植面积，反之亦然。

此外，为了更全面地探讨影响玉米种植面积的因素，并控制其他潜在变量的影响，本书还根据以往研究经验，纳入了一系列个体层面和省级层面的控制变量。

首先，个体层面的控制变量。第一，性别。性别差异可能会影响农户的决策行为和管理方式。男性和女性在农业生产中的角色和职责有所不同，因此性别作为个体特征之一，对种植面积的选择可能产生影响。第二，年龄。年龄反映了农户的经验和体力状况，年轻农户可能更愿意尝试新技术或扩大生产规模，而年长农户可能更注重传统耕作方式，这些在面临风险时可能导致不同的行为结果。第三，技术培训情况。接受过技术培训的农户通常更能掌握现代农业技术，技术培训可以提高农户的生产效率，促使他们扩大种植规模，而在风险来临时也会有更多技术选择加以应对。第四，兼营养殖业的农户可能有不同的资源配置方式，养殖业的收入或需求可能会对其种植面积产生影响。比如，养殖业需要饲料，而饲料可以来自自家种植的玉米，这种互补关系可能促使农户调整种植面积。

其次，省级层面的控制变量。第一，各省份人均 GDP。人均 GDP 反映了地区的经济发展水平，经济发展水平较高的省份可能有更多的资金投入农业领域，从而影响农户的种植决策。同时，较高的经济发展水平也可能意味着更高的消费需求，进而影响玉米的种植面积。第二，各省份一产增加值。一产增加值表示农业部门对地区经济的贡献度，较高的增加值可能意味着该地区的农业发展较好，有更多的政策支持和资源倾斜，这将对农户的种植面积产生积极影响。

通过纳入上述控制变量，本章研究旨在更精确地识别收储改革后，粮食规模户玉米种植面积变化背后的因素，排除其他干扰变量的影响，从而得出更为可靠的研究结论。

（三）描述性统计

表 5 – 2 展示了变量选择与描述性统计。该表包含了 8 个变量，分别是玉米种植面积、性别、年龄、受教育程度、接受过技术培训、兼营养殖、农业固定投入、亩均玉米收益、各省份人均 GDP 和各省份一产增加值。这些变量涵盖个体层面和省级层面的关键信息，有助于我们理解玉米种植户的行为和决策。

表 5 – 2　　　　　　　　　变量选择与描述性统计

变量	单位/赋值	数量	均值	标准差	最小值	最大值
玉米种植面积	亩	2027	109.31	163.32	1	960
性别	1 = 男；2 = 女	2025	0.88	0.33	0	1
年龄	岁	2001	47.85	9.05	20	74
受教育程度	0 = 没有受过教育；1 = 小学；2 = 初中；3 = 高中/中专；4 = 大专；6 = 大学及以上	2009	2.47	0.88	0	5
接受过技术培训	1 = 是；0 = 否	2006	0.54	0.50	0	1
兼营养殖	1 = 是；0 = 否	2027	0.63	0.48	0	1
农业固定投入	万元	2010	6.42	17.98	0	110
亩均玉米收益	元，取对数	235	37.40	122.74	– 6.87	638.61
各省份人均 GDP	亿元	2027	56968.26	23644.63	26165	140211
各省份一产增加值	亿元	2027	3222.75	1422.31	118.69	4979.08

我们关注的因变量玉米种植面积平均为 109.31 亩，标准差为 163.32 亩，最小值为 1 亩，最大值为 960 亩。标准差较大，表明种植面积的分布比较分散，种植规模悬殊。

机制变量中，平均农业固定投入为 6.42 万元，标准差为 17.98 万元，最低投入为零，最高投入为 110 万元。这表明农户在农业上的投资差异较大。亩均玉米收益的均值（取对数）为 37.40，表明样本中规模户的玉米收益水平较高。由于数据取对数，这可能表明原始收益数据的分布非常不均匀。这表明玉米种植的收益波动较大，可能存在亏损的情况。

其他控制变量中，男性和女性的比例接近，男性略多于女性，可能是因为农业劳动强度大，男性劳动力更多。平均年龄为 47.85 岁，标准差为 9.05 岁，最年轻规模经营者 20 岁，最年长的 74 岁，玉米种植户的年龄分布广泛。大部分农户受教育程度较低，初中及以下占大多数，高中及以上较少。这可能反映出农村教育水平整体偏低的情况。约有一半的农户接受过技术培训，这表明技术培训在农村有一定的普及度。超过六成的农户兼营养殖，这表明农业和畜牧业的结合比较常见。各省份人均 GDP 平均值为 56968.26 亿元，标准差为 23644.63 亿元，最低值为 26165 亿元，最高值为 140211 亿元。这反映出了各省份经济发展水平的差异。各省一产增加值平均为 3222.75 亿元，标准差为 1422.31 亿元，最高值为 4979.08 亿元。样本中覆盖的省份农业产值较高，不同省份之间的农业产值存在显著差异。

总体来看，玉米种植面积在规模户之间存在较大变异性。样本中男性规模户比例较高，规模户的平均年龄约为 48 岁，教育水平主要集中在初中。超过一半的规模户接受过技术培训，兼营养殖业的比例也较高。农业固定投入的变异性较大，亩均玉米收益（取对数）的分布非常不均匀。各省份人均 GDP 和一产增加值的变异性较大，表明不同省份之间的经济发展和农业产值存在显著差异。

二、实证模型

本章研究借鉴阮荣平等（2020）的分析思路，采用双重差分模型来分析改革：对规模户种植面积的影响。其研究采用了前三期面板数据，可以验证符合共同趋势假设。因此应有下式成立：

$$E[y_{0i}|s=0,t=1] - E[y_{0i}|s=0,t=0] = E[y_{0i}|s=1,t=1] -$$
$$E[y_{0i}|s=1,t=0] \quad (5.1)$$

其中，y_{0i} 表示家庭农场 i 潜在玉米种植面积，s 表示是否为处理组（$s=1$ 表示处理组，即所在省份为三省一区；$s=0$ 表示对照组，即所在省份为其他省份），t 表示是否为改革后（$t=1$ 表示收储制度改革发生后；$t=0$ 表示收储制度改革发生前）。由式（5.1）可以求解出处理组的反事实状态。将这一反事实状态与真实状态比较，可以识别出收储改革的净影响。

收储改革实施的地区是三省一区，据此本书将在三省一区的家庭农场视为处理组，将不在三省一区的家庭农场视为对照组；根据收储改革实施的时间，将研究时段区分为收储改革前和收储改革后。基于上述分析，本书设定的 DID 模型如下：

$$y_{ist} = \gamma_s + \lambda_t + \beta D_{st} + \delta X_{ist} + \varphi X_{st} + \varepsilon_{ist} \quad (5.2)$$

其中，y_{ist} 表示 s 省份 t 年家庭农场 i 的玉米种植面积，γ_s 为省级层面的固定效应，λ_t 为时间固定效应。D_{st} 表示处理组和收储改革时间的交乘项。X_{ist} 为家庭农场层面的控制变量，主要包括农场主的性别、年龄、受教育程度、技术培训、兼营畜牧业等。X_{st} 为省级层面的控制变量，主要包括人均 GDP、农业增加值等。ε_{ist} 为随机扰动项。β、δ、φ 为待估参数。其中 β 为本书所关心的参数，表示收储改革对规模户玉米种植面积的影响。

回归中的统计判断基于聚类标准误。

首先分析脱钩对规模户玉米种植面积的影响。表5-3展示了两个模型的回归结果，分别用（1）和（2）来表示。这两个模型都考察了收储制度改革对规模户玉米种植面积的影响，其中回归（1）展示的是整体回归结果，回归（2）纳入改革后三年的交互项，分析改革对玉米种植面积影响的动态效应。

表5-3　　　　收储制度改革对规模户玉米种植面积的影响：基准回归

变量	(1)	(2)
处理组×改革后	−47. 497*** (−4. 12)	
处理组×2016年		−49. 109*** (−4. 20)
处理组×2017年		−44. 103*** (−3. 73)
处理组×2018年		−59. 716*** (−3. 84)
性别	−18. 011 (−1. 23)	−18. 081 (−1. 23)
年龄	−1. 348*** (−18. 26)	−1. 348*** (−18. 35)
受教育程度	23. 619*** (4. 98)	23. 633*** (4. 99)
接受过技术培训	26. 370*** (4. 58)	26. 310*** (4. 59)

续表

变量	(1)	(2)
各省份人均 GDP	−0.001 *** (−8.36)	−0.001 *** (−9.32)
各省份一产增加值	0.005 * (1.69)	0.005 * (1.66)
省级固定效应	已控制	已控制
年份固定效应	已控制	已控制
常数项	19.646 *** (4.06)	19.304 *** (3.61)
N	1990	1990

注：***、**、*分别表示在1%、5%、10%的水平上显著。

从回归（1）的结果可以看到，处理组×改革后的系数为负且显著，说明收储制度改革对玉米种植面积有负向影响。通过回归系数可以看出，收储制度改革使得规模户的玉米种植面积平均减少约43亩。进一步将改革的影响按年度拆分为三年，将交互项扩展为三个，从而展示改革影响带来的动态变化。从回归（2）的结果可以看到，这一系数进一步降低，说明随着时间的推移，改革对玉米种植面积的负面影响逐渐增强。结合回归系数来看，2016年取消临时收储政策会导致玉米种植面积减少约49亩。到2017年，改革带来的负面影响依然存在，玉米面积平均减少约44亩，略低于2016年的水平。

其中的原因在于，取消临时收储以后，政府颁布了生产者补贴，提高了农民预期收益，部分冲抵了临储取消的负面冲击。然而负面影响还在持续，到2018年临储改革会导致玉米种植面积减少大约60亩。从现实情况来看，近年来规模户跑路或者难以经营的情况普遍出现，这与回归结果是比较符合的。调研中了解的是租金上涨导致经营难以为继，实证分析中暂缺这一部分数据，难以进行验证。这里的实证分析也难以将地租等影响分离开来，需要在未来研究中加以验证。

改革对控制变量的影响方向与现有研究一致，说明该回归结果是比较可靠的。性别、年龄、受教育程度、接受过技术培训、各省份人均GDP和各省份一产增加值等因素对玉米种植面积都有显著影响。具体来说，男性农户的种植面积要低于女性农户，年龄越大种植面积越小，受教育程度越高则种植面积越大，接受过技术培训的农户种植面积更大。其中年龄的系数为负，说明年纪越大、精力越有限，能经营的规模相对较小。受教育水平越高，能力越强，越能掌控大规模经营带来的挑战。接受过技术培训的规模户，能更好地适应规模化、标准化经营要求。各省份人均GDP和一产增加值每增加1%，玉米种植面积分别减少0.001%和增加0.005%。人均GDP越高的省份，经济越发达，粮食生产的机会成本较高，生产规模较小。一产增加值较多的省份，往往是农业大省，其玉米种植面积也较大。

四、粮食规模户经营行为调整的机制分析

收益与种植行为直接相关，这一部分分析收益对生产规模的影响机制。根据表5-4的回归结果，当总体考虑改革影响时，其对收益的影响为负，但不显著。如果拉开改革分析时序，可以看到2016年的改革显著降低了当年的亩均收益。2017年改革对亩均收益的影响依然为负，但不显著，而到2018年影响转为正。可能的原因在于，改革后期玉米价格开始回升，加上生产者补贴的影响，提高了收益。自变量变为种植面积后，收储制度改革对规模户玉米种植面积有显著的负面影响。改革后，处理组的规模户玉米种植面积显著减少。从列（3）的验证来看，亩均收益提高，确实会显著增加玉米种植面积，但影响并不是特别大。亩均收益对玉米种植面积有正向影响，但这种影响在改革实施后的处理组中有所减

弱。这表明收储制度改革可能通过影响亩均收益来间接影响规模户的玉米种植面积。

表 5 - 4　　　　　收储制度改革对规模户玉米种植面积的影响：
收益的作用机制

变量	(1)	(2)	(3)	(4)	(5)
	亩均收益	亩均收益	种植面积	种植面积	种植面积
处理组 × 改革后	- 22.956 (- 1.32)			- 39.727 *** (- 3.00)	
亩均收益			0.210 *** (3.28)		
处理组 ×2016 年		- 24.321 * (- 1.85)			- 42.017 *** (- 3.10)
处理组 ×2017 年		- 10.730 (- 0.77)			- 35.724 *** (- 2.63)
处理组 ×2018 年		35.409 * (1.89)			- 52.475 *** (- 2.86)
性别	48.836 *** (16.83)	51.361 *** (26.54)	- 78.780 *** (- 3.63)	- 22.704 * (- 1.92)	- 22.784 * (- 1.92)
年龄	1.593 ** (2.51)	1.565 ** (2.51)	0.959 (1.50)	- 1.020 *** (- 8.64)	- 1.019 *** (- 8.65)
受教育程度	22.805 *** (7.29)	23.183 *** (6.95)	9.941 ** (2.54)	23.197 *** (4.64)	23.213 *** (4.64)
接受过技术培训	- 41.284 *** (- 3.08)	- 43.059 *** (- 3.05)	20.033 *** (14.61)	23.498 *** (4.13)	23.445 *** (4.14)
农业固定资产投入	- 0.430 * (- 1.72)	- 0.488 ** (- 2.05)	3.120 ** (2.58)	2.202 *** (9.63)	2.203 *** (9.57)
各省份人均 GDP	0.001 ** (2.39)	0.002 *** (4.87)	0.000 (0.21)	- 0.001 *** (- 6.56)	- 0.001 *** (- 7.05)
各省份一产增加值	0.016 *** (2.82)	0.017 *** (4.26)	- 0.040 *** (- 5.58)	0.002 (0.89)	0.002 (0.89)

变量	(1)	(2)	(3)	(4)	(5)
	亩均收益	亩均收益	种植面积	种植面积	种植面积
省级固定效应	已控制	已控制	已控制	已控制	已控制
年份固定效应	已控制	已控制	已控制	已控制	已控制
N	231	231	231	1973	1973
R^2	0.190	0.193	0.226	0.144	0.144

注：***、**、*分别表示在1%、5%、10%的水平上显著。

这些发现为政策制定者提供了关于收储制度改革对粮食规模户的种植行为影响的重要思路。特别是，政策制定者应考虑改革对亩均收益的影响，并探索如何通过其他途径稳定或增加规模户的收益，以减轻改革对玉米种植面积的负面影响。

五、 粮食规模户稳定经营的因素分析

上述分析表明，在收储制度改革后，市场变得更加不确定。在面临更多风险的情况下，粮食规模户确实存在缩小种植规模的行为。这种经营主体和经营规模的不确定，会给稳定粮食生产带来挑战。维持一个稳定的经营行为和经营规模，对确保粮食安全至关重要。因此，本研究将继续探讨规模户稳定经营的若干因素。

(一) 生产惯性

规模户的一大特征在于农业固定投入较大，这一特征可能导致其生产行为上的惯性，导致锁定效应。大规模投入了固定资本，就可能限制了未来的灵活性和调整空间。可能的原因有以下几个方面。第一，

规模户在特定的技术或设备上进行了大量投资，更换这些设备或转向其他技术的成本就会变得非常高昂，这可能使得他们不愿意或无法迅速作出改变。第二，初始的技术选择和投资决策往往会形成一种路径依赖，即一旦选择了某种技术路径，后续的决策就会受到之前选择的影响。例如，如果粮食规模户最初选择了某一种特定的耕作模式，那么未来的资源配置和管理决策可能会继续沿着这条路径发展，即使有更优的技术出现，也难以轻易转变。第三，固定投入形成的沉没成本使得粮食规模户即便意识到现有的设备或技术不再最优，也很难放弃之前的投入，转向新的技术路线。这种成本不仅包括财务上的损失，还有时间和精力上的投入。第四，新技术可能与现有的设备和技术体系不完全兼容，导致在引入新技术时需要进行全面的系统升级或替换，增加了转换难度。

为了验证生产惯性的存在，将农业固定投入纳入回归分析（见表5-5）。回归（1）中，交互项的系数为-39.727，在1%的统计水平上显著。这表明在改革实施后，规模户玉米种植面积平均减少了39.727亩。回归（2）中，2016~2018年三个交互项的系数分别为-42.017、-35.724、-52.475，且均在1%的统计水平上显著，说明改革后三年规模户玉米种植面积平均减少了42.017亩、35.724亩、52.475亩，呈现波动递减趋势，这个结果与基准回归基本一致。在两个回归中，农业固定资产投入的系数显著为正，分别为2.202和2.203，表明农业固定投入每多1万元，其种植面积增加约2亩。这一结果说明，农业固定投入对稳定和增加粮食大户的玉米种植面积具有积极作用。即便是在制度改革、补贴脱钩以后，农业固定投入更多的规模户，其种植面积就越大。由于农业固定资产投资额较大，资产专用性强，大农户在进行种植面积和种植结构调整时面临巨大的沉没成本，显现出生产惯性和"船大难调头"的特征。

表 5 - 5　　　　　　　收储制度改革对规模户玉米种植面积的影响：
考虑农业固定投入

变量	回归（1）	回归（2）
处理组 × 改革后	-39.727 *** （-3.00）	
处理组 × 2016 年		-42.017 *** （-3.10）
处理组 × 2017 年		-35.724 *** （-2.63）
处理组 × 2018 年		-52.475 *** （-2.86）
农业固定资产投入	2.202 *** （9.63）	2.203 *** （9.57）
性别	-22.704 * （-1.92）	-22.784 * （-1.92）
年龄	-1.020 *** （-8.64）	-1.019 *** （-8.65）
受教育程度	23.197 *** （4.64）	23.213 *** （4.64）
接受过技术培训	23.498 *** （4.13）	23.445 *** （4.14）
各省份人均 GDP	-0.001 *** （-6.56）	-0.001 *** （-7.05）
各省份—产增加值	0.002 （0.89）	0.002 （0.89）
省级固定效应	已控制	已控制
年份固定效应	已控制	已控制
常数项	-13.681 *** （-3.45）	-14.141 *** （-2.95）

注：***、**、* 分别表示在 1%、5%、10% 的水平上显著。

总的来看，收储制度改革对规模户玉米种植面积有显著的负面影响。

改革后，处理组的规模户玉米种植面积显著减少。农业固定投入的增加有助于稳定和增加玉米种植面积。年龄和受教育程度对玉米种植面积有正向影响，而各省份人均 GDP 有负向影响。性别和各省一产增加值对玉米种植面积的影响不显著。这表明，增加农业固定投入可能是稳定粮食大户生产行为的有效策略。

（二）多元经营

多元化经营是一种重要的策略，可以帮助粮食规模经营变得更加稳定。通过多元化经营，粮食规模户可以分散风险、提高资源利用效率，并且更好地应对市场和技术变化。粮食规模户可以通过种植多种作物来分散单一作物市场波动的风险。例如，在种植玉米的同时，还可以种植大豆、小麦或者其他经济作物。这样即使某一作物受到病虫害或市场价格下跌的影响，其他作物仍然可以保证一定的收益。结合种植业与养殖业的经营，可以利用种植业产生的副产品作为养殖业的饲料，同时养殖业产生的有机肥料又可以用于种植业，形成良性循环。这样不仅提高了资源利用率，还减少了对外部市场的依赖。通过多元化经营，粮食规模户可以获得多样化的收入来源，提高总收入水平。除了农作物销售收入外，还可以通过农家乐、乡村旅游等方式增加额外收入。通过调整产业结构，发展高附加值农产品，可以提高产品的市场竞争力和经济效益。例如，种植有机蔬菜、水果等高端农产品，可以满足市场需求，提高利润空间。这些兼营活动可能带来的额外收入，可以抵消改革带来的负面冲击。

为验证多元经营的稳定作用，本书将兼营畜牧业纳入回归分析中，结果如表 5 - 6 所示。回归（1）只考虑改革后和兼营畜牧业，回归（2）考虑改革年度动态效应和兼营畜牧业，回归（3）考虑了改革后和兼营畜牧业的交互项。从回归（1）可以看到，改革实施后，被归类为处理组的规模户玉米种植面积平均减少了36.094亩。兼营畜牧业的系数显著为正，兼营畜牧业的规模户玉米种植面积平均增加了55.417亩。在考虑改革的多年动态影响以后，回归（2）表明动态效应的系数仍然为负，而兼营畜牧业的系数显著为正，系数大小与回归（1）接近。考虑畜牧业与改革的交互项，得到的回归（3）表明交互项系数为37.993并在10%的水平上显著为正，这进一步说明，兼营畜牧业的处理组规模户玉米种植面积平均增加了37.993亩，兼营畜牧业减少规模户退出行为的发生。可以看到兼营畜牧业能够有效抵御冲击，稳定玉米生产。非粮活动带来的额外收益能够支持种植业收益，与农业经营是互补关系。尤其在支持政策"脱钩"以后，非农活动的额外收益能够缓解价格下跌对收益的负向冲击，维持收益的相对稳定性。这些都使得生产者还能维持农业生产和农业生活方式。

表5-6　　　　收储制度改革对规模户玉米种植面积的影响：
考虑兼营畜牧业

变量	回归（1）	回归（2）	回归（3）
处理组×改革后	-36.094 ** (-2.56)		-54.918 ** (-2.20)
兼营畜牧业	55.417 *** (6.18)	55.529 *** (6.20)	52.143 *** (6.52)
处理组×改革后× 兼营畜牧业			37.993 * (1.87)
处理组×2016年		-39.104 *** (-2.91)	
处理组×2017年		-32.709 ** (-2.44)	
处理组×2018年		-31.951 * (-1.91)	

变量	回归（1）	回归（2）	回归（3）
性别	−20.616* （−1.82）	−20.600* （−1.82）	−20.609* （−1.83）
年龄	−0.983*** （−6.33）	−0.983*** （−6.33）	−0.973*** （−6.16）
受教育程度	21.775*** （4.31）	21.775*** （4.30）	21.995*** （4.17）
接受过技术培训	27.318*** （5.00）	27.341*** （5.01）	27.187*** （5.02）
农业固定资产投入	2.273*** （10.63）	2.273*** （10.63）	2.271*** （10.69）
各省份人均GDP	−0.001*** （−7.17）	−0.001*** （−6.53）	−0.001*** （−8.56）
各省份一产增加值	0.004*** （3.12）	0.004*** （3.11）	0.003 （1.54）
省级固定效应	已控制	已控制	已控制
年份固定效应	已控制	已控制	已控制
常数项	−61.471*** （−3.80）	−61.529*** （−3.87）	−61.943*** （−3.22）
N	1973	1973	1973

注：***、**、*分别表示在1%、5%、10%的水平上显著。

性别系数在所有模型中均为 −20.616、−20.600 和 −20.609，统计显著性水平为 10%（$p < 0.1$）。这表明性别对玉米种植面积有负面影响。年龄的系数显著为负，这表明年龄每增加一岁，玉米种植面积平均减少约 0.983 亩。受教育程度的系数在所有模型中均为正且显著，这表明受教育程度每提高 1 个单位，玉米种植面积平均增加 21.775 亩、21.775 亩和 21.995 亩。接受过技术培训的系数在所有模型中均为正且显著，表明接受过技术培训的规模户玉米种植面积平均增加 27.318 亩、27.341 亩和

27.187 亩。各省份人均 GDP 的系数在所有模型中均为负且显著，各省份人均 GDP 和一产增加值的系数估计结果与之前的回归类似。

总体来看，收储制度改革对规模户玉米种植面积有显著的负面影响。改革后，处理组的规模户玉米种植面积显著减少。兼营畜牧业的规模户玉米种植面积显著增加，且在改革实施后，这种正面影响有所增强。这些发现为政策制定者提供了关于收储制度改革对农业种植行为影响的重要见解，并有助于设计更有效的农业支持政策。特别是，鼓励规模户兼营畜牧业可能是稳定粮食生产和增加农民收入的有效策略。

六、 结论及政策启示

收储制度改革是农业政策调整的重要方向，其核心逻辑在于减少政府对市场的直接干预，以促进农业市场化进程。然而，补贴政策的脱钩可能会直接影响农民的种植收益，进而影响其农业生产行为。在中国玉米临时收储制度改革的背景下，规模户的经营行为出现了放缓现象，这一趋势值得政策制定者和学术界的高度关注。

这部分基于全国具有代表性的四期微观追踪调查数据，构建了双重差分模型，旨在分析临时收储制度改革对规模户玉米种植行为的影响。通过这一分析，得出了以下几个主要结论。

首先，收储制度改革对规模户的玉米种植面积产生了显著的负向影响。这一影响在改革初期逐渐减弱，主要得益于生产者补贴政策的及时跟进。然而，随着时间的推移，特别是从第三年开始，规模户的玉米种植面积出现了明显的下降趋势。这表明，尽管短期内补贴政策的调整可以缓解改革带来的冲击，但长期来看，规模户的种植行为仍然受到了影响。这可能与市场环境的变化、种植成本的上升以及其他外部风险有关。

其次，农业固定投入较大的规模户在生产时具有一定的惯性和刚性，导致种植面积调整的速度相对较慢。固定投入如灌溉设施、机械设备等一旦建成，即使在市场环境发生变化时，规模户也不易迅速调整生产计划。尽管这种惯性和刚性有助于稳定粮食生产，但其实可能会加剧收储制度改革对规模户的负面影响，导致生产效率的下降。

再次，兼业经营能够有效缓解收储制度改革带来的负面冲击。通过兼营其他非粮食活动，如养殖业、加工业等，规模户可以获得额外收益，这些收益可以补充种植业的收入，从而形成互补关系。在收储制度改革导致的不确定性增加的情况下，兼业经营为规模户提供了一种风险分散的途径，增强了其抵御市场波动的能力。

最后，收益与种植行为之间存在着直接关联，当总体考虑收储制度改革的影响时，其对收益的影响表现为负向，但这种影响并不显著。然而，若将时间维度细分，我们可以观察到更细致的变化模式。亩均收益的提升确实能够显著促进玉米种植面积的增长，但这种正面影响相对较小。更为重要的是，亩均收益对玉米种植面积的积极影响在改革实施后的处理组中有所减弱。这意味着收储制度改革可能通过影响亩均收益，进而间接影响规模户的种植决策。

第六章

粮食规模户经营风险与社会化服务

　　随着农业现代化和粮食生产规模化的发展，粮食规模户在粮食安全和农村经济中占据越来越重要的地位。然而，粮食规模户的生产经营不仅依赖自身的生产能力和资源，也日益依赖农业社会化服务体系的支持。社会化服务作为现代农业发展的重要组成部分，涵盖农业技术推广、农机作业、农资供应、粮食储运等多个方面，为粮食规模户提供了全方位的生产保障和支持，对稳定粮食规模经营群体至关重要。也要注意到，粮食规模户既是社会化服务的购买主体，同时也是提供主体。分析粮食规模户的社会化服务需求和供给情况，对了解其行为逻辑，进而分析其风险管理行为具有重要意义。

一、粮食大户与社会化服务

（一）粮食规模经营与社会化服务

　　规模经营是指在一定生产力水平和社会经济条件下，通过适度扩大生产经营单位的规模，使各生产要素最优组合和有效运行，以获取最佳经济效益的活动。这种经营模式可以通过土地流转等方式集中更多的耕地资源，在更大范围内实施统一管理、统一技术措施，从而降低单位成本，提高效率。在粮食生产中，规模经营可以带来机械化操作、标准化生产和专业化管理的优势，有助于提高作物产量和质量，同时也有利于降低农药、化肥等投入品的成本。

农业社会化服务则是与农业相关的经济组织为满足农业生产发展的需要，为直接从事农业生产的经营主体提供各种服务而构成的一个网络体系。农业社会化服务是指由社会化服务主体向农业生产者提供专业化、规模化的生产性服务，包括生产前的咨询服务、生产过程中的技术支持以及产后的加工流通等方面。社会化服务能够弥补个体农户在资金、技术和市场信息等方面的不足，对于不具备规模经营条件的小农户来说尤为重要。社会化服务是现代农业的关键组成部分，能够有效提升农业生产效率，降低生产成本，并促进农业经营方式的转型升级。

粮食规模经营与社会化服务之间是相辅相成的关系，共同推动了粮食生产方式的现代化和效率提升，对于保障粮食安全和提升农业竞争力具有重要意义。

第一，粮食规模经营的实现，往往需要依赖社会化服务的支持。社会化服务可以提供从产前、产中到产后的全面服务，包括生产资料供应、技术服务、销售、运输、加工等，这些服务有助于规模经营者降低成本、提高效率和产品质量。例如，通过社会化服务的集中采购，可以降低农业物化成本；统一开展规模化机械作业，可以提高农业生产效率；集成应用先进技术，可以提升农产品品质和产量。对于已经形成一定规模的粮食生产主体而言，社会化服务可以提供更加精细、专业的支持，帮助他们更好地管理大规模的土地和生产活动。对于尚未达到规模经营条件的农户来说，社会化服务则可以帮助他们逐步过渡到规模经营阶段，通过提供技术和管理支持，使这些农户能够在不完全依赖自有资源的情况下提高生产效率。

第二，粮食规模经营也促进了社会化服务的发展。当农业生产转向规模经营后，对技术服务、机械作业、农资供应、市场营销等社会化服务的需求显著增加。规模经营需要更高效、更专业的服务来支持其生产活动，从而刺激社会化服务市场的扩张。规模经营还意味着产量的大幅增加，这就需要强大的市场对接能力来保证产品的顺利销售。社会化服务可以帮助规模经营者开拓销售渠道，甚至协助建立品牌，提高产品的附加值。

第三，粮食规模经营和社会化服务的结合，有助于解决小农户面临的生产现代化难题，促进农民增产增收，保障国家粮食安全和重要农产品有效供给。通过发展农业社会化服务，可以将先进适用的品种、技术、装备和组织形式等现代生产要素有效导入小农户生产，帮助小农户解决一家一户干不了、干不好、干起来不划算的事，丰富和完善农村双层经营体制的内涵，促进小农户和现代农业有机衔接。

（二）粮食规模户与社会化服务

随着农业现代化和粮食生产规模化的发展，规模户在粮食安全和农村经济中占据越来越重要的地位。粮食规模户的生产经营不仅依赖自身的生产能力和土地资源，也日益依赖农业社会化服务体系的支持。社会化服务作为现代农业发展的重要组成部分，涵盖了农业技术推广、农机作业、农资供应、粮食储运等多个方面，为粮食规模户提供了全方位的生产保障和支持。

1. 粮食规模户的特点与需求

粮食规模户的经营规模较大，相比传统的小农户，他们面临着更加复杂的生产管理挑战，包括土地流转、种植技术、机械化作业、市场风险等。同时，粮食规模户的经营效益直接受到农业生产成本、自然灾害以及市场价格波动等多种因素的影响。因此，粮食规模户在生产过程中有以下特点和需求。

第一，规模化经营与高效生产需求。粮食规模户的经营规模通常较大，要求在种植、耕作、施肥、灌溉、收获等环节具有更高的机械化和自动化程度，以确保大面积耕地的管理效率。相比传统小农户，粮食规模户更需要依赖先进的农机设备、精细化的种植管理以及科学的作物养护方式来提高生产效率和降低劳动力成本。

第二，技术服务需求。由于粮食规模户的生产规模大，种植周期长，他们对农业技术服务的依赖性更强。无论是土壤改良、病虫害防治，还是良种推广、科学施肥等方面，粮食规模户都需要得到专业的技术支持，以应对生产过程中遇到的各种技术难题。

第三，市场信息和农产品流通需求。现代农业不仅是生产环节的管理，还包括产后环节的销售和流通。粮食规模户在种植大面积作物的同时，需要及时掌握市场价格变化、供需信息等，以便在适当的时机将产品投入市场，获取更高的经济效益。此外，粮食规模户的农产品量大，需要借助专业的仓储物流服务来实现高效的流通和保管。

2. 粮食规模户与社会化服务的关系

粮食规模户和社会化服务之间存在高度的相互依存关系。社会化服务为粮食规模户提供了必要的生产、技术、市场支持，而粮食规模户的存在和发展则为社会化服务提供了广阔的市场需求。二者相互促进，共同推动农业现代化和规模化经营的进程。

第一，粮食规模户需要社会化服务。随着农业生产规模的扩大，粮食规模户单靠自身的力量很难完成大规模的生产作业。他们需要借助社会化服务体系中的农机服务、技术服务和市场服务来提升生产效率、降低生产成本。同时，粮食规模户通过社会化服务获得的信息和技术支持，可以更加科学合理地安排种植计划，减少自然灾害和市场风险的影响，确保经营的可持续性。

第二，社会化服务依托粮食规模户发展。社会化服务的发展壮大，离不开粮食规模户的市场需求。由于粮食规模户的生产规模较大，服务的需求量也相对较大，社会化服务提供者可以通过与粮食规模户合作，实现集约化经营和规模化服务。这不仅有助于服务提供者降低运营成本，还可以通过与粮食规模户的长期合作，提升服务的专业性和针对性。

第三，促进现代农业的转型升级。粮食规模户和社会化服务的相互作用，为农业的现代化转型提供了坚实的基础。粮食规模户通过规模化经营和社会化服务的结合，能够更加高效地利用资源，提升生产力；而社会化服务体系通过为粮食规模户提供全方位支持，推动了农业技术的推广和应用。二者的合作模式有助于推动农业向集约化、智能化、科技化方向发展，从而实现农业的可持续发展和粮食安全保障。

二、 生产性社会化服务的了解和采纳情况

实践中规模户了解和接受社会化服务的程度如何？这还需要进一步分析了解。本书基于最新一期调查数据，把社会化服务分为若干类型，逐一进行描述分析。调查中访问的家庭农场和专业大户都属于规模户的范畴，此处将对这两类主体开展分析。为更好地凸显规模户和普通农户的差别，把普通农户作为基准组进行比较。本部分的分析基于最新一期的调查数据。

根据农业生产特性和生产过程，将生产方面的服务按照生产环节划

分，涵盖从产前准备到产后处理及整个生产流程，包含以下四个方面。第一，产前服务。农业生产资料购买服务，包括种子、化肥、农药等生产必需品的采购；良种引进和推广服务，涉及优质品种的选择、引进以及推广工作。第二，产中服务。集中育苗育秧服务，提供专业的育苗育秧支持；机械机播机种机收等机械化服务，涵盖播种、种植、收割等环节的机械化作业；肥料统配统施服务，实施科学合理的肥料配比与施用；灌溉排水服务，优化灌溉和排水系统，确保作物生长所需的水分条件；疫病防疫和统治服务，预防和控制农作物病虫害的发生与发展。第三，产后服务。农产品加工服务，包括农产品的初级加工与深加工；农产品运输及储藏服务，负责农产品的物流配送及储存保鲜；产品质量检测检验服务，实施严格的产品质量监控与检验，确保食品安全。第四，综合类的农业技术推广和培训服务。

关于社会化服务的调查分为两个层次。一是对社会化服务的了解程度，二是实际接受或者购买社会化服务的比例，递进体现规模户对社会化服务的认知和采纳情况。通过以上服务内容的梳理，可以更好地理解粮食规模户在各个生产阶段所面临的服务需求，进而为其提供更加精准的社会化服务支持（见表 6 - 1、表 6 - 2、表 6 - 3）。

表 6 - 1　　　　规模户对社会化服务的了解程度（家庭农场）　　　　单位：%

产业链	种类	家庭农场	
		了解	已接受/购买
产前	农业生产资料购买服务	48.64	57.95
	良种引进和推广服务	48.52	6.59
	集中育苗育秧服务	51.36	47.63
产中	机械机播机种机收等机械化服务	44.89	51.10
	肥料统配统施服务	46.14	46.47
	灌溉排水服务	48.75	55.61
	疫病防疫和统治服务	47.84	54.17

产业链	种类	家庭农场	
		了解	已接受/购买
产后	农产品加工服务	33.07	48.20
	农产品运输及储藏服务	40.45	43.71
	产品质量检测检验服务	38.86	57.24
综合类	农业技术推广和培训服务	50.45	36.91

注：已接受/购买指经营主体在了解各类生产性社会化服务的前提下接受/购买服务，下同。

表 6-2   规模户对社会化服务的了解程度（专业大户）   单位：%

产业链	种类	专业大户	
		了解	已接受/购买
产前	农业生产资料购买服务	41.45	42.66
	良种引进和推广服务	42.50	1.79
	集中育苗育秧服务	42.22	40.90
产中	机械机播机种机收等机械化服务	36.77	38.76
	肥料统配统施服务	33.81	34.82
	灌溉排水服务	38.97	39.95
	疫病防疫和统治服务	44.13	48.71
产后	农产品加工服务	30.85	36.94
	农产品运输及储藏服务	35.82	39.18
	产品质量检测检验服务	36.68	45.41
综合类	农业技术推广和培训服务	42.50	26.38

表 6-3   规模户对社会化服务的了解程度（普通农户）   单位：%

产业链	种类	普通农户	
		了解	已接受/购买
产前	农业生产资料购买服务	15.35	67.23
	良种引进和推广服务	27.56	63.21
	集中育苗育秧服务	12.99	50.00

产业链	种类	普通农户	
		了解	已接受/购买
产中	机械机播机种机收等机械化服务	28.22	84.02
	肥料统配统施服务	13.91	37.04
	灌溉排水服务	36.61	56.38
	疫病防疫和统治服务	24.67	52.63
产后	农产品加工服务	14.96	34.48
	农产品运输及储藏服务	14.83	33.91
	产品质量检测检验服务	12.99	48.51
综合类	农业技术推广和培训服务	23.62	63.74

在产前服务方面，规模户对产前社会化服务的了解程度普遍高于普通农户，但采纳比例低于普通农户。在农业生产资料购买服务方面，规模户的了解程度和接受率最高。家庭农场对农业生产资料购买服务的了解程度最高，达到48.64%，并且有57.95%的家庭农场已经接受或购买该服务。专业大户的了解程度在41.45%，有42.66%的专业大户已经接受或购买该服务。普通农户对农业生产资料购买服务的了解程度最低，只有15.35%，但接受或购买的比例却高达67.23%。在集中育苗育秧服务方面，家庭农场和专业大户的了解程度较高，分别为51.36%和42.22%，但普通农户的了解程度较低，仅有12.99%。家庭农场和专业大户购买良种引进和推广服务的比例很低，分别为6.59%、1.79%。普通农户对良种引进和推广服务的了解程度虽然不高（27.56%），但接受或购买的比例达到了63.21%。

在产中服务方面，规模户对产前社会化服务的了解程度普遍高于普通农户，采纳比例也相对较高。在机械机播机种机收等机械化服务方面，家庭农场和专业大户的了解程度分别为44.89%和36.77%，接受或购买的比例分别为51.10%和38.76%。普通农户了解的比例为28.22%，但接受或购买的比例高达 84.02%。在肥料统配统施服务方面，家庭农场和专业大户的了解比例分别为 46.14%、33.81%，接受程度分别为 46.47%、34.82%。普通农户对此的了解比例很低，仅为 13.91%；但接受程度相对较高，为 37.04%。在灌溉排水服务方面，家庭农场和专业大户的了解比例在四类产中服务中最高，分别为 48.75%、38.97%。家庭农场对此的接受比例在四类产中服务中最高，为 55.61%；专业大户的接受比例为 39.95%。普通农户对此了解和接受的比例在四类产中服务中最高，分别为 36.61%、56.38%。在疫病防疫和统治服务方面，三类农户的了解和接受比例都比较高。家庭农场和专业大户的了解比例分别为 47.84%、44.13%，接受比例分别为 54.17%、48.71%。普通农户了解和接受的比例分别为 24.67%、52.63%。

在产后服务方面，规模户的了解程度、采纳比例均高于普通农户。三类农户对农产品加工服务的了解度最低，家庭农场、专业大户和普通农户的了解比例分别为 33.07%、30.85% 和 14.96%。家庭农场和专业大户的接受率分别为 48.20% 和 36.94%，而普通农户的接受率为 34.48%。三类农户对农产品运输及储藏服务的了解度在三类产后服务力最高，家庭农场、专业大户的了解比例分别为 40.45%、35.82%，远高于普通农户的 14.83%。家庭农场和专业大户的接受率分别为 43.71% 和 39.18%，而普通农户的接受率为 33.91%。产品质量和检测服务的了解程度也集中在规模户，家庭农场、专业大户的了解比例分别为 38.86%、36.68%，小农户的了解比例只有 12.99%。而从接受度上看三类农户差别不大，家庭农场和专业大户的接受率分别为 57.24% 和 45.41%，而小农户的接受率为 48.51%。

在综合类服务方面，规模户的了解比例高于普通农户，但接受度上低于普通农户。规模户对农业技术推广和培训服务的了解程度在所有社会化服务中处于较高水平，家庭农场和专业大户的比例分别为 50.45%、42.50%，接受率分别为 36.91% 和 26.38%。普通农户的了解程度为 23.62%，但接受率高达 63.74%。

总体而言，规模户对社会化服务的了解程度较高，在接受或购买服务的比例上，小农户往往表现得更为积极。可能的原因在于规模户本身拥有较强的资产基础、技术能力，完全有实力开展粮食经营。且通过规模经营，已经可以在一定程度上实现规模经济。不需要通过社会化服务的规模化，来提高自身经营效率。而小农户的规模小、技术采纳成本高，更加依赖于这些服务来提高生产效率和产品质量。

三、 生产性社会化服务的提供主体分布

在上述分析基础上，可以进一步了解接受的生产性社会化服务的来源情况。生产性社会化服务的提供主体比较多样。了解不同主体在提供这些服务中的占比和角色，有助于认识到哪些主体在农业服务化过程中发挥着关键作用，也有助于政策制定者和行业参与者优化资源配置，提高农业生产效率和竞争力。

在本部分关注的生产性社会化服务方面，主要的提供主体包括以下三类。第一，政府或公共服务组织。在许多情况下，政府或公共服务组织是社会化服务的主要提供者，政府有推动农业现代化、提高农业生产效率和保障粮食安全的政策目标，会相应安排一些生产性服务。以农技推广体系、统防统治为代表的农业技术服务，是当前中国粮食生产服务中的重要内容。第二，农民合作社。合作社作为农民自愿联合的组织，通过集中采购农资、统一技术服务、共同销售产品等方式，为成员提供社会化服务，增强农民的市场谈判能力和抗风险能力。第三，龙头企业。农业龙头企业通常拥有较强的资金实力、市场渠道和技术支持，能够为农户提供从种子、种植、管理到销售的全程服务，带动周边农户提升生

产水平和产品质量。除此之外，一些规模户也提供社会化服务。一部分是服务专业户，他们提供特定服务给农户或个体经营者，如农机作业服务、病虫害防治服务等，他们直接为周边小规模农户提供便利的定制化服务。一部分是有余力的规模户，在满足自身经营需要后，再对外输出服务。

从2018年的调查情况来看，规模户接受的生产性社会化服务提供主体分布情况如图6-1所示。其中，政府或公共服务组织占比最高，达到了55.11%，这表明政府或公共服务组织在提供生产性社会化服务方面发挥了主导作用。其次是合作社，占比为22.98%，说明合作社也是为规模户提供生产性社会化服务的重要力量之一。接下来是龙头企业，占比为8.94%，虽然其占比不如前两类大，但也具有一定的影响力。最后是其他规模户和"其他"类别的主体，分别占比为9.37%和3.60%。

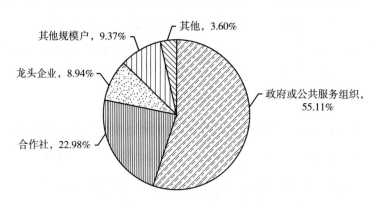

其他规模户，9.37%　　其他，3.60%
龙头企业，8.94%
政府或公共服务组织，55.11%
合作社，22.98%

图6-1　规模户接受的社会化服务提供主体分布情况

可以看到，在规模户接受的生产性社会化服务中，政府或公共服务组织占主导地位。这可能是与普通小农户差别最大的一点。主要原因在于政府通常承担着推动农业发展、保障粮食安全等公共责任，因此在社会化服务体系中扮演着核心角色。政府或公共服务组织可能提供基础设施建设、技术推广、市场信息服务等关键服务。尤其在粮食生产背景下，粮食规模户往往是落实粮食生产任务的重要抓手，同时也是带动周边农户的主要力量。因此，政府将主要资源集中在规模户上，通过"抓大户"可以实现确保粮食安全的政策目标。此外，合作社是生产性社会化服务的第二提供者。合作社是由农民自愿联合组成的互助性经济组织，成员之间有着较为紧密的合作关系，这使得合作社在组织内部成员进行资源共享和服务互换方面具有天然的优势。合作社能够有效地整合成员资源，提供专业化服务。龙头企业的作用也不可忽视。龙头企业通常拥有较强的资金实力、技术能力和市场渠道，能够提供高质量的服务，如深加工、品牌建设、市场销售等，对提升农业产业链的附加值具有重要作用。

四、 不同社会化服务主体的服务类型分布

分不同主体看，各主体在农业生产社会化服务的提供上展现出各自的特色和优势（见图 6-2）。政府或公共服务组织侧重于提供专业技术性强、与农产品质量安全紧密相关的服务，例如在疫病防疫和统治服务方面占 12.27%，在农业技术推广和培训服务方面占 11.84%，在产品质量检测检验服务方面占 10.60%，在农产品运输及储藏服务方面占 10.55%。合作社在集中育苗育秧服务中表现突出，占据了 21.46% 的比重；其次是灌溉排水服务，占比为 14.85%，然后是农业技术推广和培训服务，占比为 9.77%。龙头企业主要提供的也是集中育苗育秧服务，占 16.64%；然后是灌溉排水服务，占 13.29%。此外在产品质量检测检验服务、农业技术推广和培训服务方面，也占比较大，均为 9.76%。其他规模户则主要提供与实际生产密切相关的服务，机械机播机种机收等机械化服务占比最大，为 12.57%；其次是农业生产资料购买服务占 11.91%，农产品运

输及储藏服务占 10.87%。

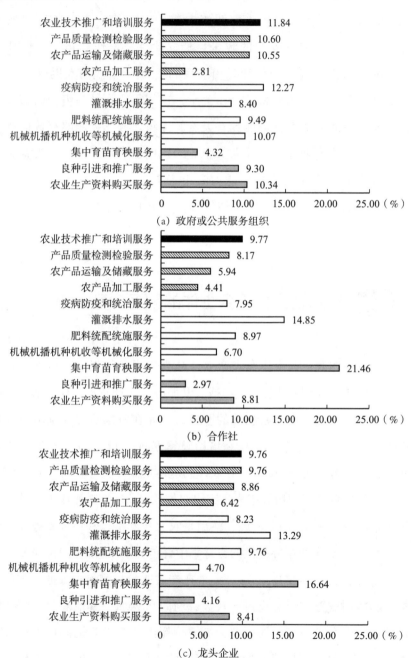

（a）政府或公共服务组织

（b）合作社

（c）龙头企业

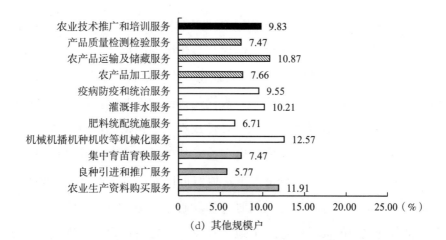

农业技术推广和培训服务 9.83
产品质量检测检验服务 7.47
农产品运输及储藏服务 10.87
农产品加工服务 7.66
疫病防疫和统治服务 9.55
灌溉排水服务 10.21
肥料统配统施服务 6.71
机械机播机种机收等机械化服务 12.57
集中育苗育秧服务 7.47
良种引进和推广服务 5.77
农业生产资料购买服务 11.91

(d) 其他规模户

图 6-2 不同主体提供生产性社会化服务的类型差异

从产前、产中、产后来看，政府或公共服务组织、其他规模户提供的生产性社会化服务分布较为均衡，主要集中在产中环节。合作社和龙头企业则突出集中在产前环节，尤其是集中育苗育秧服务。政府或公共服务组织在农业生产资料购买服务、良种引进和推广服务、灌溉排水服务、产品质量检测检验服务等方面占比较高，说明政府在这些领域发挥了主导作用。合作社在集中育苗育秧服务、疫病防疫和统治服务、农产品运输及储藏服务、农业技术推广和培训服务等方面占比相对较高，表明合作社在这些方面的服务能力较强。龙头企业在肥料统配统施服务、农产品加工服务、农产品运输及储藏服务、产品质量检测检验服务等方面的占比居中。其他规模户在农业生产资料购买服务、机械机播机种机收等机械化服务、农产品加工服务、农产品运输及储藏服务等方面占比相对较高，可能是因为这些农户自身具备一定的资源和技术实力。

综合来看，政府或公共服务组织主要承担着公共性和基础性的服务职能。合作社则在一些专业性强、需要协作完成的服务项目上表现突出。龙头企业则更多地参与产业链条较长、附加值较高的服务环节。而其他规模户则根据自身的条件和需求选择不同的服务类型。这四种主体各具特色，形成了互补关系，共同构成了农业社会化服务体系的重要组成部分。

要注意到粮食规模户既可以作为社会化服务的需求方，也可以成为供给方，这取决于具体情况。当粮食规模户作为社会化服务的需求方时，他们主要寻求外部提供的专业服务来优化自己的农业生产流程，希望通过获取这些服务来提高生产效率、降低成本、增强抵御风险的能力。另外，当粮食规模户具有一定的规模和技术基础时，他们也可能转变为社会化服务的供给方。在这种情况下，他们可以利用自己的资源优势和技术能力为其他农户提供服务。同时，可以通过提供服务增加收入，并且在帮助其他农户的同时促进整个地区农业生产的现代化和标准化。以销售服务为例，规模户可以通过订单、帮销等方式拓宽普通农户的销售渠道。从 2018 年的数据来看，家庭农场提供帮销的比例为 24.37%，平均带动小农户数量为 13.738 户，最多可以带动小农户 1 万户；家庭农场提供帮销的比例为 21.52%，平均带动小农户数量为 9.693 户，最多可以带动小农户 1 万户。这种双向的角色定位有助于形成良性的农业服务生态系统，促进农业生产力的整体提升。

五、 社会化服务与粮食规模户经营风险

在粮食规模经营的实际运作中，社会化服务体系起到了至关重要的作用，尤其是在帮助粮食规模经营主体应对各种生产风险方面。以下是社会化服务如何帮助粮食规模经营主体降低风险的几个关键维度。

（一）技术服务降低管理风险

技术服务是粮食规模经营管理中的基础和核心环节。规模化经营要求高度依赖精准农业技术和现代化种植管理，社会化技术服务的存在，

使粮食规模户能够获得专业化的技术指导和支持，从而有效控制生产过程中的技术风险。

在病虫害防治与精准施肥方面，农业技术服务机构为粮食规模经营者提供关于病虫害防治和施肥的方案，并引入智能农机和精准农业技术，确保生产过程中的每个环节都能科学高效。在气候与环境监测方面，社会化技术服务为粮食规模经营者提供实时气象数据和环境监测信息。利用现代科技手段，如卫星遥感和气象监测系统等，农业经营者可以预测气候变化，及时调整种植策略，规避因极端天气导致的生产风险。在品种优化与改良方面，农业社会化服务还为粮食规模经营者提供优质种子推广与品种改良技术服务，确保种植的品种具有高产、抗病虫害和抗逆性的特点。这类服务能帮助农场主应对种植过程中可能出现的品种失效风险，提高整体产量稳定性。

（二）农机服务降低机械化作业风险

粮食规模经营的机械化程度越高，生产效率越高，但同时，机械设备的购置与维护成本、操作风险和使用效率也成为潜在挑战。社会化农机服务为粮食规模经营提供了系统化的农机作业服务，从而有效降低了经营主体在机械化作业中的风险。

首先，可以降低设备购置和维护成本。农机合作社或社会化农机服务公司通过租赁或提供专业农机作业服务，帮助粮食规模经营者解决了高昂的农机设备购置和维护问题，减少了规模户在设备上的资金投入，降低了财务风险。其次，确保作业效率和精准性。社会化农机服务的专业化程度较高，农机手具有丰富的经验，能够确保机械作业的精准性和高效性，从而降低因操作失误或机械故障带来的作业风险。最后，应对关键农忙季节的压力。在播种和收获等关键季节，粮食规模经营者常常面临机械化作业供给不足的问题。社会化服务通过协调地区农机资源，合理安排作业时间，能够帮助规模户解决农忙季节的"农机荒"问题，避免因延误收割导致的粮食损失。

（三）农资供应有助于控制成本

农资成本的不确定性是粮食规模经营者面临的重大风险之一。社会化服务通过为粮食规模经营者提供农资供应服务，帮助其更好地控制生产成本，降低市场波动带来的压力。

首先，集中采购降低成本。社会化服务组织通过集中采购肥料、农药、种子等农资，不仅能够确保农资的质量，还能够享受批量采购的价格优惠。这样一来，粮食规模经营者能够以较低的价格获得高质量的农资，减少了生产成本的不确定性。其次，减少假冒伪劣农资的风险。社会化服务机构通过建立稳定的农资供应渠道，可以有效防范假冒伪劣农资的流入，保证生产资料的质量稳定，减少因劣质农资造成的减产或农作物病害问题。

（四）市场信息降低销售环节风险

粮食规模经营不仅依赖高效的生产管理，销售环节同样至关重要。市场信息的不对称和营销渠道的受限，可能会导致粮食规模经营者面临市场销售风险。社会化服务体系通过提供市场信息和营销服务，有效帮助粮食规模经营者应对市场波动风险。

在市场信息获取方面，社会化服务体系可以通过信息平台、合作社或第三方服务机构，为粮食规模经营者提供全面的市场信息，包括粮食供需、价格走势、国家政策等，从而帮助经营者作出更加科学的销售决策，减少市场风险。在产后服务与储运方面，社会化服务还提供粮食储存、运输、加工等服务，帮助规模经营主体降低产后环节的风险。比如，粮食烘干服务可以防止粮食因湿度问题导致的质量下降，而专业的储运服务则可以保障粮食在运输和仓储过程中的安全。在品牌化与规模化销售方面，通过社会化服务提供的营销渠道，粮食规模经营者可以借助合作社或其他社会化营销平台，获得更多的市场销售机会，并通过品牌化营销提升粮食产品的市场竞争力，降低市场销售中的价格波动风险。

（五）金融与保险服务帮助减损

金融与保险服务是农业社会化服务的重要组成部分，能够为粮食规模经营主体提供经济支持，帮助其应对市场和自然灾害风险。社会化金融服务通过信贷、担保、保险等方式，增强了粮食规模经营者的抗风险能力。

首先，保险产品提供收入保障。现代农业保险为粮食规模经营者提供了全面的收入保障。在自然灾害如干旱、洪水等导致作物减产时，农业保险可以提供及时的赔偿，减少粮食规模经营主体的直接经济损失。这种保障机制降低了自然风险带来的收入波动。其次，信贷与担保服务缓解资金压力。社会化金融服务提供了多种农业专项贷款和融资方案，帮助粮食规模经营者在生产过程中获得稳定的资金支持，减少资金不足所导致的生产停滞或规模限制的风险。同时，贷款担保机制降低了经营主体的融资成本，避免了在扩展生产时遭遇的财务瓶颈。

社会化服务缓解风险存在的挑战

虽然社会化服务在推动粮食规模户发展方面发挥了重要作用，但也面临一些挑战。

第一，覆盖面有限。在一些偏远地区或交通不便的地方，社会化服务的物理覆盖范围受到限制，服务提供商难以进入，限制了服务的普及，导致这些地区的粮食规模户难以利用社会化服务来减轻经营风险。基础设施建设落后也会制约社会化服务顺利开展。一些地区存在电力供应不稳定、通信网络覆盖不全等问题，不仅影响了服务的即时性，也增加了服务的成本。当下，精准农业需要稳定的互联网连接来传输数据，但在一些偏远地区，网络覆盖不足，使得先进农业技术的应用受阻。除此之外，资源分配往往倾向于经济较为发达或人口密集的区域，这意味着边缘地区的粮食规模户可能会因为资源倾斜而难以获得同等水平的服务。这种不均衡的资源配置加剧了地区间的粮食产业发展差异。

第二，服务质量参差不齐。不同服务提供者之间存在一定差异。一些服务提供商可能缺乏必要的资质和经验，或者使用过时的技术和设备，导致服务效果不佳。有些服务提供商可能缺乏必要的专业知识和技术支持，导致提供的服务达不到预期效果，难以提升品质或产量。缺乏有效的行业监管机制也是导致服务质量参差不齐的原因之一。目前，社会化服务市场的准入门槛相对较低，没有严格的资质审核制度，使得一些不具备服务能力的企业也能进入市场。此外，服务标准不统一，缺乏有效的监管和评估机制，使得粮食大户在选择服务时面临较大的风险。

第三，供需匹配度不高。服务供给与实际需求之间存在错配，这是社会化服务中常见的问题。一方面，服务提供商可能不了解粮食大户的具体需求，提供的服务可能不符合他们的实际生产情况；另一方面，粮食大户可能缺乏对服务内容和效果的了解，导致他们无法准确表达自己的需求。这种供需不匹配可能导致资源浪费，服务效果不佳。当前的社会化服务产品大多采用标准化的设计思路，忽视了不同地区、不同规模粮食大户之间的差异性。事实上，每个粮食大户面临的经营环境和问题都是独特的，只有提供个性化的解决方案，才能真正解决他们的实际问题。除此之外，随着农业技术的发展和市场需求的变化，粮食大户的需求也在不断变化。但许多社会化服务提供商在市场调研方面做得不够，未能及时调整服务策略以适应新的需求。这种滞后性导致了服务供给与市场需求之间的脱节。

第四，信息不对称。有效的信息传播渠道是确保信息透明的重要手段。然而，现实中，很多粮食大户并不熟悉现代信息技术，或者缺乏可信的信息获取渠道。传统的信息传播方式如纸质宣传材料、口头传达等效率低下。由于缺乏足够的信息支撑，粮食大户难以判断服务的有效性和可靠性，从而在选择服务时更加谨慎。这种信任危机阻碍了社会化服务的普及和发展。为了解决信息不对称问题，需要建立有效的信息传播机制，如通过互联网平台、移动应用程序、农业展会等方式，提供及时、准确的信息服务。同时，加强农业教育和培训，提高种粮大户的信息素养，使他们能够更好地利用可用信息资源。

第五，抗风险能力不足。即使有社会化服务的支持，部分粮食大户仍因管理水平不足而面临较高风险。这些大户可能缺乏对市场变化的应对能力，或者在面对自然灾害等不可预测因素时缺乏有效的风险管理策略。为了提高粮食大户的抗风险能力，需要提供更多的风险管理培训和咨询服务，帮助他们了解和应用各种风险管理工具。同时，政府和相关机构应提供更多的支持，如提供保险补贴、建立风险基金等，以降低粮食大户的经营风险。通过这些措施，可以帮助粮食大户更好地应对各种挑战，保障他们的生产经营活动。

总体来看，社会化服务在帮助粮食规模经营者应对生产风险、提高生产效率方面可以发挥关键作用。通过技术支持、农机服务、金融保障、农资供应以及市场营销等多层次的服务，社会化服务体系为粮食规模经营者提供全方位的保障。

粮食规模户和社会化服务之间的关系，体现了现代农业生产中的集约化、专业化和合作化趋势。规模户通过借助社会化服务体系，可以有效应对规模化经营中面临的技术、机械、市场等多方面的挑战，提升生产效率，降低风险。同时，社会化服务依托粮食规模户的发展需求，能够实现自身的市场化和规模化发展。二者相辅相成，共同推动了农业的现代化进程。

未来，在确保粮食安全和推动农业可持续发展的背景下，政府应继续加强对粮食规模户和社会化服务的政策扶持，完善社会化服务体系，提升服务质量，为规模户提供更加高效、全面的生产支持，最终实现粮食生产稳定和产业高质量发展。

第七章

案例分析：八位粮食规模户的坚守

除了微观面上数据外，本书基于长期追踪的案例样本，分析粮食规模户经营过程中面临的问题困惑，试图刻画规模户在跌宕起伏的市场中对粮食生产的坚守。需要指出的是，本章调研的规模户包括合作社，而前文微观数据中未包括合作社，主要原因是合作社的调研问题与家庭农场、专业大户差异很大，无法整合分析。从粮食规模户的定义来看，合作社在经营规模等方面符合关于粮食规模户的界定。

 河北省隆尧县 A 家庭农场的经营现状与未来展望

（一）调研背景

随着中国农业现代化的推进，家庭农场在农业生产中扮演着愈发重要的角色。河北省隆尧县作为华北平原重要的农业区和粮食主产区，其粮食规模经营现状对于确保粮食产业稳定发展和确保粮食安全具有重要意义。本次调研聚焦于河北省隆尧县的一家典型家庭农场——A 家庭农场，深入了解其近年来的生产经营状况、面临的挑战以及未来发展的可能性，以期为相关政策的制定提供参考。

（二）农场基本情况

A家庭农场位于河北省隆尧县，以种植小麦和玉米为主，在当地经营约300亩耕地，同时在新疆也租赁土地进行玉米种植。近年来，家庭农场面临着一系列经济和自然环境的挑战，这些挑战直接影响了农场的经济收益和可持续发展。

（三）生产经营状况

1. 小麦生产情况

2022年，A家庭农场的小麦产量和收益均未达到预期。每亩小麦的产量为1300~1400斤，市场价格为1.55元/斤，亩均收益约为2100元。然而，2023年小麦的产量下降至800~900斤，价格也下降至1.3元/斤，导致亩收益仅为1170元。相比2021年，亩均收益减少了960元。

小麦每亩的种植成本包括地租500元、化肥250元、种子100元、浇水40元、农药100元，以及耕种收割的费用100元。总成本合计1090元。由此可见，扣除成本后，今年的小麦种植净利润仅为80元。小麦种植的利润微薄，不利于稳定小麦种植积极性。

2. 玉米生产情况

在玉米生产方面，A家庭农场在河北和新疆两地都进行了种植。

在河北种植的玉米，2022年亩产量为500~600公斤，放到春节卖的市场价格为1.4元/斤，总收益1540元。成本包括地租500元、化肥150元、浇水40元、农药100元、耕种收拉100元、播种20元、人工50元，每亩总成本合计960元。2022年种植玉米每亩净利润达到580元。2023

年降雨量大，玉米目前的长势良好，但后期行情不确定，A家庭农场对今年的市场前景持观望态度。

近年来，国家支持新疆发展粮食生产。A家庭农场和另外两家农场共同租地1500亩种植玉米，租的是当地建设兵团的地，一年地租不到500元，成本很低。新疆地区独特的气候条件，尤其是昼夜温差大，有利于玉米的生长。滴灌技术也得到了有效应用，玉米长势良好、产量高，每亩产量为800~900公斤，单价可以达到1.25元/斤。

3. 成本与收益分析

A家庭农场的小麦和玉米种植成本相对固定，但收益却波动较大，这与市场价格和自然环境的影响密切相关。总体来看，农业生产的高风险性和不稳定性使得农场主在收益保障方面面临诸多不确定性。

（四）面临的主要问题

1. 补贴政策

虽然国家对粮食生产有一定补贴，但并不能直接改善农场的经营状况。A家庭农场的农场主认为，粮食补贴一般直接到承包户手里，难以真正惠及他们，更多是"可望不可即"。在种粮上，农场主没有寄希望于补贴政策，其经营更多依赖自身的努力和市场运作，而对政策补贴的依赖较低。农场主希望能够自由种地，相关政策不要太严格。

2. 保险问题

农业保险在减轻自然灾害带来的损失方面发挥了一定作用。然而，该家庭农场的保险覆盖率和赔偿金额有限。2022年由于降雨量过大，该农场100多亩地的小麦绝收。当时每亩地保费9元，对应赔偿金额仅340

元，远远不足以弥补实际损失。这表明现行农业保险在应对极端气候风险方面仍有较大改进空间。

3. 存储问题

粮食存放和仓储是当前 A 家庭农场面临的最紧迫问题之一。规模户采购农资可以在淡季集中购买，争取较低的价格来降低生产成本。类似地，农场主也希望能够错峰卖粮，提高卖粮收益。但由于缺乏必要的产后存储设施，农场的粮食在收获后难以妥善存放，往往被迫在市场价格较低时出售，造成较大经济损失。A 家庭农场曾试图通过建造厂房来解决仓储问题。但由于土地用途的政策限制，建设的仓储设施可能会被认定为违建，相关申请手续提交两年仍未有结果。A 家庭农场认为，现在粮食收进来存不住，太长时间都糟蹋了，连牲口都吃不了，"储存不好"也影响粮食安全全局。

4. 租地竞争问题

一些外来资本不计成本租地的行为对家庭农场的正常经营造成了冲击。农场自己租地价格是每亩 800～900 元，而一些企业是 1000～1200 元，且不管土地好坏。即使连续三年涝灾，土地质量不好也不影响大企业以较高价格租地，影响了当地正常的土地流转市场。这种行为进一步抬高了土地租赁成本，给家庭农场主带来了更大的经济压力，对农场主的正常经营造成了不利影响。

（五）家庭农场的坚持

尽管面临重重困难，该大户仍坚持从事粮食生产，主要有三个方面原因。第一，缺乏其他就业选择。第二，种粮收益比较稳定，可以维持其家庭基本的生活开支。农场主表示，虽然可以选择到当地的大型面粉企业工作，但企业年收入 5~6 万元并不足以负担家庭生活开销，尤其是三个孩子的教育费用。第三，种粮时间比较自由，累的时候忙几天就行了，别的时候可以忙副业。

但农场主也表示，只做粮食会受限制，需要其他产业来补贴。为此，除了种植粮食外，该农场还涉足养殖和其他副业。农场拥有一定的畜牧养殖技术，养殖了 30 头牛，每年有一定卖牛收入。同时，家人在当地经营着一家店面补贴家用。这些副业的收入在一定程度上缓解了粮食生产带来的经济压力。

（六）未来展望

对于未来，农场主认为不确定性很大。他坦言自己不敢对未来 10~15 年作出明确规划，因为农业生产受气候和市场波动的影响太大。近年来极端气候特别厉害，2022 年麦收遭遇烂场雨导致小麦出芽。2023 年 7 月 31 日的暴雨也导致损失惨重。他的计划是"走一步算一步"，根据市场和政策的变化调整农场的经营策略。他看好新疆的粮食生产，因为那里的土地租赁成本较低，生产条件相对稳定。未来他准备尝试扩大种植规模。

但他也认为，一些资本进入粮食生产和储存领域，就意味着粮食产业前景较好，预期未来价格会上涨。这一方面使自己的家庭农场在未来的竞争中可能处于不利地位，另一方面也为继续从事粮食生产提供了一定的动力。农场经营的机遇与挑战并存。

（七）结论与建议

A 家庭农场的经营状况反映了当前中国北方地区家庭农场面临的共

性问题。这些问题包括但不限于农业生产的高成本与低收益之间的矛盾、自然灾害带来的风险、政策支持的不足以及激烈的市场竞争。

为了改善家庭农场的经营状况，以下建议可供参考。

（1）完善农业补贴政策：应加强对粮食规模户的直接补贴，特别是在自然灾害频发的地区，提高补贴的实际效果，确保粮食规模户能够直接受益。

（2）优化农业保险机制：提高农业保险的赔偿标准和覆盖面，尤其是在极端气候条件下，为粮食规模户提供更有效的风险保障。

（3）完善仓储设施配套：适度放宽对粮食规模户自建仓储设施的限制，提供相关技术和资金支持，帮助粮食规模户解决粮食储存问题，提高农产品的市场议价能力。

（4）规范土地流转市场竞争：应加强对大企业在土地租赁市场行为的监管，确保公平竞争，保护粮食规模户的合法权益。

总之，家庭农场作为中国农业经营体系的重要组成部分，其可持续发展关乎国家粮食安全和农村经济稳定。需要通过政策的调整和支持，使得家庭农场能够在日益复杂的市场环境中保持竞争力，并为国家粮食安全作出更大贡献。

 黑龙江省富锦市 B 家庭农场的经营现状与未来展望

（一）调研背景

黑龙江省是中国最重要的水稻产区之一。随着农业现代化的推进，家庭农场等规模经营主体逐渐成为当地粮食生产的中坚力量。为深入了解当地家庭农场的生产经营状况，本次调研以黑龙江省富锦市 B 家庭农场为对象，分析其经营现状、面临的挑战以及未来发展的展望。

（二）农场基本情况

B 家庭农场所在的富锦市高家村，在 20 世纪 80 年代极度贫困，当时村民"吃粮靠返销，花钱靠贷款"。从 80 年代开始，农业生产条件逐步改善，高家村成为富锦市水稻种植的发源地之一。B 家庭农场的农场主原本是一位养牛大户，后来响应政府号召，1995 年开始从事水稻种植。经过多年的努力，他逐渐扩大了种植规模，目前农场种植面积达到 405 亩，其中，45 亩为自有承包地，其余为承包的国有土地。当地市级和县级政府都有耕地。

（三）生产经营状况

1. 种植规模

B 家庭农场从 1995 年开始种植水稻，已有近 30 年的种植历史。在经营的高峰期，农场的种植面积一度达到 900 亩，在当地粮食生产中有重要地位。目前，农场种植面积为 405 亩，主要种植的是绥化农科院培育的圆粒品种绥稻 2，单产水平约为每亩 667 公斤。这一品种以其良好的品质和适应性广受市场欢迎。

2. 劳动力情况

家庭农场的劳动力主要来自农场主的家人。农场主的家庭共有 8 口人，除两个年幼的孙子外，其他人都参与农场的劳动。在农忙时节，全家人都投身于水稻种植的各项工作，确保了农场的顺利运转。家庭劳动力工作饱和，没有人出去打工。通过这种方式，B 家庭农场在一定程度上实现了家庭内部劳动力资源的充分利用、合理配置，降低了雇工成本，同时也增强了农场的可持续性。

3. 地租情况

B家庭农场的土地承包始于1995年，承包期为40年。最初确权时的承包费为800元/亩，此后每年的承包费约为133元/亩。目前地租费用随补贴上涨而增加。

4. 成本收益情况

近年来，随着农业生产成本的上涨，B家庭农场的种植成本也在不断增加。2023年，农场的每亩地种植成本约为867元，相比2022年增加约266元。这些成本包括地租、化肥、种子、农药、灌溉及机械费用等。其中，化肥增加26.7元，种子增加6.7元，农药增加10元。每亩可收稻谷约667公斤，2022年每斤能卖1.45元，2023年每斤只能卖1.3元。净利润为5000~6000元，折合每亩300~400元。尽管这一收益并不算高，但在当前的农业经济环境下，已经能够维持农场的正常运转。

5. 销售与市场情况

B家庭农场的水稻销售主要依托于当地米厂的订单。米厂根据市场需求，规定农场种植特定品种的水稻，并以比市场价格高出0.03元/斤的价格进行收购。这种订单农业的模式在一定程度上保障了农场的销售渠道和收益稳定性。农场种植的绥稻2品种不仅符合市场需求，且因其品质优良，深受米厂青睐，农场收获后的稻谷能迅速销售，减少了仓储和销售的压力。

6. 农业机械

农场现在的农机都是自己购买的，基本够用。国家提供30%的购机补贴，购买农机不会带来很大的经济负担。

（四）面临的主要问题

1. 成本增加与收益下降

近年来，生产成本的持续上涨给 B 家庭农场带来了不小的压力。土地承包费用、农资价格（如化肥、种子）以及机械费用的增加，使得每亩地的种植成本从 2022 年的 600 元上升至 2023 年的 867 元。尽管水稻单产保持稳定，但市场价格却有所下滑，从 2022 年的 1.45 元/斤下降至 2023 年的 1.3 元/斤。收入的下降与成本的上升，使得农场的利润空间日益缩小，对农场的可持续经营构成了挑战。

2. 政策支持的局限性

农场主对现行的农业补贴政策提出了改进建议。他认为，目前的补贴政策主要是基于土地面积，而不是基于产量，这在一定程度上忽视了高产的实际贡献，不利于激发高产农场的生产积极性。他建议，未来的补贴政策应更多地考虑产量因素，以激励农场提高生产效率和产量，从而更好地保障粮食安全。

（五）家庭农场的坚持

B 家庭农场选择继续从事水稻种植，有四个方面的原因。

第一，技术学到手了。在长期的实践中农场主掌握了先进的种植技术和管理经验。他提到，自己每亩地的水稻产量上明显优于其他农场主，能比别人多收 67 公斤粮食，主要得益于精湛的技术和对农时的把握。

第二，把地培养好了。农场主对土地进行了长期的培育，使得土地的肥力和生产力得到了充分的提升。

第三，种植规模大了。农场已经成规模，具有规模经济性。新进入的农业经营者在规模上不够，且缺乏经验，机器设备雇工花钱，成本往往较高。而B家庭农场则凭借多年的经验和技术积累，能够更有效地控制成本，实现较高的产出。

第四，时间空出来了。农场主一年种稻时间3~4个月，现在60多岁，还有时间打理自己的小菜园、养点猪，不仅够自己吃，还能支持一下两个小孩。

因此，农场主对未来仍抱有信心，计划继续经营农场，并通过不断改进种植技术，进一步提升农场的生产力和经济效益。

（六）未来展望

展望未来10~15年，B家庭农场计划继续从事水稻种植。他相信，随着粮食市场的需求增加和价格的回升，水稻种植仍将是一项具有前景的事业。作为一名60多岁的农民，农场主对未来的生活有着自己的规划，他希望在保证农场正常运营的基础上，能够有更多的时间打理家庭的小菜园和养殖一些家禽，以此来丰富家庭的日常生活。同时，农场主希望通过帮助两个孙子接受良好的教育，支持他们的成长，从而为整个家庭的未来发展奠定基础。

（七）结论与建议

B家庭农场的经营状况反映了当前中国北方地区家庭农场在农业现代化进程中的典型问题。这些问题包括生产成本上升、收益下降、市场竞争加剧以及政策支持的局限性等。在这些挑战面前，家庭农场主们通过自身的努力和经验积累，仍然保持着一定的经济活力和发展潜力。

为了促进家庭农场的可持续发展，以下建议可供参考。

（1）支持家庭农场的技术升级：政府应加强对家庭农场技术升级的支持，通过提供技术培训、推广先进农业技术和设备，帮助家庭农场主提高生产效率，降低生产成本。

（2）鼓励家庭农场的多元化发展：家庭农场在从事粮食生产的同时，可以适当发展副业，如养殖、生态旅游等，以提高收入来源的多样性和稳定性。

（3）加强市场销售渠道的建设：政府和相关部门可以帮助家庭农场主拓展销售渠道，通过建立销售平台，直接对接市场，减少中间环节，提高农产品的市场议价能力。

总之，家庭农场在中国农业现代化进程中扮演着不可或缺的角色。通过政策的优化和技术的进步，家庭农场能够更好地应对当前的挑战，实现可持续发展。B 家庭农场的案例为我们提供了一个观察和理解这一进程的窗口，也为未来的农业政策制定提供了有益的启示。

三、安徽省颍上县 C 家庭农场的经营现状与未来展望

（一）案例背景

C 家庭农场位于中国南方的农业大省——安徽省。作为一家大规模的家庭农场，C 家庭农场主要从事小麦和稻谷的种植。近年来，随着农业现代化的发展以及国家对农业政策的支持，家庭农场在农业生产中的地位日益重要。本书通过对 C 家庭农场的经营情况、面临的挑战以及未来发展计划的详细分析，探讨中国家庭农场在当前农业经济环境下的生存和

发展策略。

（二）农场基本情况

C家庭农场种植面积1900多亩，农场的主要作物为小麦和稻谷。尽管近年来农资价格有所回落，但整体种植成本依然较高，影响了农场的收益。通过科学管理和对农业生产的深入把握，农场成功将生产维持在盈亏平衡线以上，并逐步实现了盈利。

（三）生产经营状况

1. 小麦种植与收益

2023年，C家庭农场的小麦种植成本约为每亩1150元。尽管投入较高，但得益于农场的科学管理和良好的种植技术，小麦的单产达到每亩950~1000斤，销售价格为每斤1.35元。通过估算，每亩地的小麦销售收入约为1300元，净利润为130元左右。

这一净利润水平虽然不高，但在当前的农业经济形势下，能够实现盈余已属不易。随着农资价格逐步回落，C家庭农场在小麦种植方面的盈利能力有所提升，部分弥补了前几年因成本上升带来的损失。

2. 稻谷种植与收益

稻谷是C家庭农场的另一主要作物。2022年，农场的稻谷种植成本约为每亩1550元，单产约为1200斤。稻谷的销售价格为每斤1.38元，折合每亩稻谷销售收入约为1656元，净利润约为100元。稻谷种植的收益相比小麦略低，主要原因在于稻谷的种植成本较高，且市场价格波动较大。然而，通过长期的农业生产实践，农场主C已经掌握了稻谷种植的关键技术，确保了农场的整体产量和质量。在当前农产品价格不确定的情况下，农场依然能实现一定的利润，体现了其在市场波动中的应对能力。

（四）坚持种植的原因

1. 巨额投资的制约

C 家庭农场在农业基础设施上进行了大量投资，特别是烘干房和其他相关设施，总投入超过 600 万元。这样的投资规模使得农场在短期内无法退出粮食生产。一旦退出，这些投入将难以收回，资金将打水漂。因此，尽管农业生产的利润并不高，但为了保护这些前期投入，农场主 C 仍然选择继续经营家庭农场。

2. 逐步回收投资的希望

尽管前几年由于种植成本高昂和农产品价格低迷，C 家庭农场一度出现亏损。但近年来，随着农资价格的回落和农产品价格的上涨，农场的经济状况有所改善。2020～2022 年，农场实现了每年 30 万～40 万元的净利润，逐步弥补了前几年的亏损。农场希望通过持续经营，最终能够完全收回之前的投资，并在此基础上实现盈利。

（五）未来展望

1. 继续种植与调整策略

农场主明确表示，未来他将继续从事农业生产，特别是小麦和稻谷的种植。他认识到，尽管当前农业利润不高，但只要保持稳定的产量和质量，农场就能够实现可持续发展。在未来的经营中，农场主计划通过以下措施进一步提升农场的盈利能力。（1）优化种植结构：在保持主要作物种植面积的基础上，尝试引入新的高效益作物，进一步分散风险，增加收入来源。（2）提高生产效率：通过引进先进的农业机械和技术，进一步降低种植成本，提高单位面积的产量和收益。（3）加强市场营销：拓展销售渠道，直接与终端市场对接，减少中间环节，提高农产品的市场议价能力。

2. 逐步实现盈亏平衡

农场主的长期目标是在逐步收回投资的基础上，实现家庭农场的盈亏平衡，并进一步提高盈利能力。他计划在未来几年继续优化农场的管理，提升生产效率，降低成本，同时密切关注市场动态，及时调整种植和销售策略，以应对市场变化。

（六）面临的挑战与应对策略

1. 市场价格波动

农产品价格波动是影响家庭农场收入的主要因素之一。尽管近年来小麦和稻谷的价格有所上涨，但市场的不可预测性仍然是一个重大挑战。为此，C 家庭农场将继续关注市场动态，并在必要时调整种植结构，确保农场在市场变化中保持竞争力。

2. 气候变化与自然灾害

农业生产高度依赖气候条件，极端天气和自然灾害可能对农场的产量造成严重影响。为了应对这一挑战，C 家庭农场计划进一步提升抗风险能力，例如加强田间管理、合理安排播种和收获时间，以及考虑引进抗逆性强的作物品种。

3. 劳动力与成本控制

随着农村劳动力的减少和劳动力成本的上升，家庭农场在经营管理上面临着越来越大的压力。C 家庭农场将继续通过机械化和技术升级来减少对人工的依赖，同时优化生产流程，降低生产成本。

（七）总结

通过对 C 家庭农场的案例分析可以看到，在当前农业经济环境下，家庭农场主面临着多重挑战，包括农资价格上涨、市场价格波动、气候变化以及劳动力成本上升等。然而，通过科学管理和持续的技术投入，家庭农场仍然能够实现稳定的产量和收益。

C 家庭农场的成功在于他对农业生产的深入理解和对市场变化的敏锐感知。他的经验表明，家庭农场要在激烈的市场竞争中生存和发展，必须具备良好的风险管理能力、不断优化的生产技术和灵活的市场应对策略。

未来，随着农业现代化的推进和国家政策的支持，家庭农场有望在中国农业生产中发挥更大的作用。通过进一步提升生产效率、优化种植结构和加强市场营销，C 家庭农场能够在日益复杂的市场环境中找到自己的发展之路，实现经济效益的最大化。

四、 山东省齐河县 D 合作社的经营现状与未来展望

（一）调研背景

在中国农业现代化进程中，农民合作社逐渐成为农村经济发展的重

要力量。作为农业生产经营的组织形式之一，合作社不仅为农户提供了农业生产所需的服务，还在推动农业规模化、专业化、社会化方面发挥了积极作用。D 合作社就是这样一个典型的农业合作社。为了深入了解其运营现状、面临的问题及其未来发展前景，特此开展此次调研，希望通过分析该合作社的实际经营情况，为其他地区的农业合作社发展提供有益的参考和借鉴。

（二）合作社基本情况

D 合作社是山东省齐河县的一家大型农民合作社，目前拥有 2000 亩自有土地、2050 户注册社员，服务范围涉及超过 5 万亩的耕地，其中大部分为散户的农田。D 合作社的服务模式主要包括全程托管和菜单式服务，覆盖面积达到 12 万亩。

此外，D 合作社还负责植保作业，覆盖面积超过 40 万亩，并享受政府的补贴支持。植保作业已成为 D 合作社的一项重要业务，其高效性和经济性得到了广大农户的高度认可。

D 合作社在服务模式上根据不同农户的需求提供灵活选择。对于大户，D 合作社提供全程托管服务，涵盖从播种到收割的各个环节；对于散户，则提供菜单式服务，农户可以根据自己的需求选择特定的服务项目。植保作业是 D 合作社最受欢迎的服务之一，D 合作社以远低于农户自营的成本提供高质量的植保服务，老百姓自己单做需要 10~12 元/亩，让 D 合作社做只需支付 4~5 元/亩，因此该合作社成为当地农户首选的植保服务提供者。

（三）生产经营状况

1. 土地管理与托管服务

D 合作社目前直接管理 2000 亩自有土地，此外还通过托管服务管理

5万亩以上的农田。托管服务成为D合作社的核心业务，特别是在流转大户逐渐减少、土地规模化经营面临挑战的背景下，托管服务模式逐渐取代了传统的土地流转模式，成为当地农业生产的主流。托管服务不仅有效降低了农户的经营风险，也使D合作社能够更好地发挥其在农业技术和管理上的优势，提高土地的产出率和农民的收益。

2. 农业社会化服务

在农业社会化服务方面，D合作社的表现尤为突出。D合作社在植保作业方面的覆盖面积达到40万亩。服务得到政府支持，植保作业任务中标后，费用由政府全额承担。这一服务的推出，不仅大大减轻了农户的负担，也提高了农业生产的效率和质量。植保作业的高效性和低成本，使其成为农户最需要的服务之一。

3. 成本控制与经济效益

D合作社通过规模化经营和现代化管理，有效控制了农业生产的成本。以小麦和玉米为例，D合作社的种植成本显著低于散户农民。如表7-1、表7-2所示，在小麦生产中，D合作社每亩的总成本为494元，而散户农民的成本为652元；在玉米生产中，D合作社的每亩总成本为275元，而散户农民的成本则为354元。这一差距充分显示了合作社在规模经济上的优势，使其在市场竞争中具备了较强的成本优势。

表7-1　　　　　　　　　　小麦种植成本对比分析

项目	D合作社成本（元/亩）	小散农户成本（元/亩）
小麦底肥	95	125
旋地	42	60
整坝	8	10
压实地	8	10

项目	D 合作社成本（元/亩）	小散农户成本（元/亩）
麦种	43.5	60
播种	20	25
冬前除草	24.5	30
浇冬水	50	60
小麦春季化控、防病杀虫	13.5	18.5
浇返青水	50	60
返青至拔节肥	80	115
小麦灌浆期药剂	14.5	18.5
小麦收割及运送粮食	45	60
合计	494	652

表 7 - 2 玉米种植成本对比分析

项目	D 合作社成本（元/亩）	小散农户成本（元/亩）
玉米底肥	115	145
玉米种	40	50
玉米播种（种肥同播）	20	25
玉米苗后除草	14	18
玉米苗后杀虫、杀菌、增产	14	17.5
玉米大喇叭口期化控防病	12	18.5
玉米收割及运送粮食	60	80
合计	275	354

　　此外，虽然近年来农资价格有所上涨，但由于 D 合作社的规模效应和成本控制能力，农资价格上涨对其整体收益的影响并不显著。D 合作社通过全托管种植环节、产后环节的专业化服务，以及对自有土地的精细化管理，保持了较为稳定的盈利水平。

　　D 合作社做到了"三减两增一满意"。三减，即减少农民的种植风险、减少单一作物的种植面积、减少农户的经营成本；两增，即增加作物的种植效率、增加农民的收益；一满意，即提高农民对合作社服务的满意度。

（四）面临的主要问题

尽管 D 合作社在生产经营上取得了一定的成绩，但在实际运营中也面临着诸多问题和挑战。

1. 农机设备质量问题

D 合作社在生产中使用的国产播种机在精播度、出苗率以及作业效率等方面与国外设备相比存在明显差距。这些问题直接影响了作物的产量和质量，进而影响合作社的经济效益。虽然进口设备能够解决这一问题，但由于成本高昂，且农机补贴不覆盖进口设备，合作社在引进先进农机方面面临较大压力。自行购买进口播种设备、大的播种机和收割机，加上建仓库，合作社经济压力大。好的技术需要好的设施设备，需要农机农艺融合，加上好的农机具，以及必要的基础设施等，都需要投入。

2. 农资价格上涨

近年来，氮肥、复合肥等主要农资价格持续上涨，给合作社的生产成本带来了不小的压力。例如，氮肥和复合肥的价格从 2022 年的 1700～1800 元/吨上涨到 2023 年的 2100 多元/吨，尿素价格从 90 元/袋涨到 110元/袋。农资价格的上涨不仅增加了生产成本，也影响生产积极性。

3. 设施用地限制

D 合作社在延长产业链、提升农业附加值方面面临着设施用地的限制问题。由于土地使用政策的限制，合作社难以获得足够的土地用于仓储、加工等基础设施建设。进入当地开发区就没有土地用途限制，但农业企业一般进不去。这一问题限制了合作社的发展潜力，也影响了其应对市场变化的能力。

4. 劳动力和基础设施不足

在实际生产中，D 合作社面临着小麦成熟阶段缺乏烘干设备和仓储设备的困难。尤其在近年来雨水增多的情况下，合作社亟须配备相应的烘干存放设施，以应对气候变化带来的挑战。然而，由于缺乏足够的资金和政策支持，合作社在这一方面的发展受到限制。此外，农业劳动强度和辛苦程度较大，关键农时劳动力十分不足，如 2023 年 6 月 17 日至 18 日加班收割 2000 亩地；6 月 19 日没下雨也没人浇水，42 度的高温下没有人愿意干活。这时需要有基础设施来做保底。但滴灌、喷灌等现代农业基础设施的缺乏，也影响了合作社的生产效率和抗风险能力。

（五）合作社的坚持

尽管面临诸多挑战，D 合作社依然坚持粮食生产，并在农业社会化服务领域不断拓展业务。D 合作社在以下几个方面的坚持尤为值得关注。

1. 粮食生产的持续性

D 合作社理事长对粮食生产保持着强烈的责任感和使命感。尽管农资价格上涨和农机设备不足给生产带来了一定的压力，但 D 合作社依然通过精细化管理和规模化经营，保持了较为稳定的粮食生产。理事长认为，当前小麦价格每斤 1.4 ~ 1.5 元，仍然具备一定的盈利空间，尤其是在合作社的规模效应和成本控制优势下，粮食生产依然是合作社的核心业务。但如果市场价格降低到每斤 1.17 元，种地就不赚钱了。

2. 农业社会化服务的拓展

D 合作社不仅注重自身的粮食生产，还致力为广大农户提供高效的农业社会化服务。植保作业、全程托管、菜单式服务等多种模式的推出，不仅有效提高了农业生产的效率，也增强了合作社的盈利能力。尤其是在植保作业方面，合作社通过政府补贴的支持，降低了农户的生产成本，得到了广泛的认可。

（六）未来展望

尽管面临诸多不确定性，D 合作社依然保持对未来发展的信心，并在此基础上进行了大量的投入。合作社已经投资 700 万~800 万元成立了新的合作社，这一举措不仅显示了 D 合作社对农业发展的信心，也为合作社未来的持续发展奠定了基础。

展望未来，D 合作社的发展既面临机遇，也充满挑战，在以下几个方面的发展前景值得关注。

1. 粮食价格走势

未来粮食价格的走势将直接影响合作社的盈利能力。目前，小麦价格为 1.4~1.5 元/斤，合作社依然能够保持盈利。然而，粮食价格的波动性较大，一旦价格下跌至 1.17 元/斤以下，合作社的盈利能力将受到严重影响。因此，粮食价格的波动是合作社未来发展中的一大不确定因素。

2. 农业政策的变化

农业政策的变化对合作社的发展也具有重要影响。政府的补贴政策、土地使用政策、农机补贴政策等都将直接影响合作社的生产经营。合作社未来的发展需要密切关注政策动向，并及时调整经营策略，以应对政策变化带来的影响。

3. 技术和设备的升级

随着农业现代化的不断推进，技术和设备的升级将成为合作社未来发展的关键。合作社在引进先进农机设备、提升农业生产技术方面还需要进一步加大投入。如何在成本压力和设备升级之间找到平衡，将是合作社未来发展中的一大挑战。

（七）结论与建议

综上所述，D合作社在粮食生产和农业社会化服务领域取得了显著的成绩，但在实际运营中也面临着设备不足、农资价格上涨、设施用地限制等诸多问题。为了进一步推动合作社的发展，提出以下建议。

（1）加强政策支持：建议政府加大对合作社的政策支持力度，尤其是在农机设备补贴、设施用地审批、基础设施建设等方面提供更多的帮助，以促进合作社的发展和农业现代化的推进。

（2）提升技术水平：合作社应积极引进和推广先进的农业生产技术和设备，提升生产效率和产品质量。同时，加强对农户的技术培训，提高他们的农业生产技能，以实现合作社和农户的共同发展。

（3）拓展业务范围：在保持粮食生产的基础上，合作社可以进一步拓展农业社会化服务的范围，开发更多符合农户需求的服务项目，提高合作社的综合服务能力和盈利能力。

（4）加强风险管理：合作社应建立健全的风险管理机制，应对粮食价格波动、政策变化、气候变化等可能带来的风险。通过保险、金融工具等手段，降低经营风险，确保合作社的可持续发展。

D 合作社在现代农业经营中展现出良好的发展前景和巨大的潜力。通过有效的服务模式、合理的成本控制和积极的市场应对策略，合作社能够为农民提供切实的帮助和支持，促进农村经济的发展。面对技术、市场、政策等多方面的挑战，D 合作社需要不断调整经营策略，提升自身的核心竞争力，以实现可持续发展。

五、 黑龙江省海伦市 E 合作社的经营现状与未来展望

（一）调研背景

随着中国农业现代化的推进，农机合作社在提升农业生产效率、促进农业机械化和规模化经营方面发挥了重要作用。海伦市 E 合作社采用典型的农机合作模式，其经营现状和未来发展对于地方农业现代化和经济发展具有重要意义。本部分将详细探讨 E 合作社的基本情况、生产经营状况、面临的主要问题以及未来展望，以期为相关政策的制定和农机合作社的发展提供参考。

（二）合作社基本情况

E 合作社成立于 2008 年，由村党支部书记创办，成立初衷是提升当地农业生产的机械化水平和生产效率。E 合作社最初投资 100 万元，2009 年追加投资 1000 万元，以支持其发展和扩张。

截至 2023 年，E 合作社拥有大型农机具 200 多台，其中包括喷药机

30 多台。这些设备的引入极大地提升了 E 合作社的农业生产能力,促进了农业生产的机械化进程。E 合作社的设施主要用于大规模耕作、播种、施肥和喷药等操作,从而提高农业生产的效率和效益。

(三)生产经营状况

2020 年,E 合作社的种植规模大约为 4 万亩,其中流转土地 3000 亩,托管土地 2 万亩,代耕土地 2.2 万亩。主要种植的大豆为高蛋白品种,并将大豆销售给豆粉企业,每斤价格能比市场均价高出 0.02 元。2021 年,E 合作社对托管的 2 万亩土地进行了调整,将大豆改种为玉米,以期获得更高的利润。

1. 大豆生产情况

在大豆种植方面,每亩地的种子用量为 10 斤,每斤 4 元,总计 40元;化肥成本总计 100 元;农药成本为 13 元。机工费用包括松地和整地共计 1.3 元,走垄 10 元,喷药三次总计 12 元,播种费用 20 元,收获费用 40 元。综合上述各项成本,每亩地的总成本为 173 元。每亩地的产量为 400 斤,按照大豆的最高市场价格 2.8 元/斤计算,每亩地的收益可达1120 元。扣除成本后,每亩地的净利润约为 947 元,不包括任何政府补贴。

2. 玉米生产情况

玉米种植的成本主要包括种子 60 元、化肥 200 元、包地费用 800 元以及机耕费用 700 元,合计总成本为 1260 元。2022 年玉米产量表现优异,每亩达到 1867 斤,市场平均价格为 1 元/斤。以此计算,每亩地的总收入约为 1800 元。扣除成本之后,每亩地的净利润为 550 元,显示出了良好的经济效益。

3. 仓储情况

E合作社目前缺乏专用的仓储设施，导致大部分粮食（约占总量的70%~80%）直接在市场上出售，从而失去了获得更高售价的机会。

4. 农业保险情况

E合作社参加了自然灾害保险，每亩地需缴纳3.2元保费，年赔付标准为200元/亩。保险种类分为大灾险和收入险两种，前者由中央、省级、市级财政及农户共同出资；后者则是由大连商品交易所推出的，旨在保障农民在收入较低时能够获得额外的赔付支持。

5. 贷款情况

E合作社的融资渠道主要包括土地抵押贷款，此类贷款通常需在11月偿还，而此时正值粮食市场价格较低时期。另一种是地方贷款，由建设银行提供为期一年的贷款服务。这些贷款对于合作社来说是重要的资金来源，但由于与售粮高峰重合，也带来了一定的财务压力。

（四）面临的主要问题

1. 政策滞后

E合作社主要靠大豆补贴、豆米轮作补贴和生产者补贴。但国家政策出台时间较晚。例如，大豆和玉米的生产者补贴政策到开春还没有具体信息，而玉米肥料已经早早施入地里。政策滞后导致合作社无法及时获取优惠政策，影响了种植决策和经济效益。

2. 租金上涨

E 合作社租赁的土地租金从 2020 年的每亩地约 533 元上涨至 2023 年的每亩地约 667 元。这种租金上涨对合作社的经营成本造成了压力，尤其是在生产成本已经较高的情况下，进一步挤压了收益。

3. 缺乏仓储设施

E 合作社目前没有仓储设施，这使得大部分粮食只能在市场价格较低时出售，无法储存等待高价。这种情况导致了合作社的经济损失，尤其是在丰收季节高产反而不能带来高收益。

4. 大型农机补贴政策不足

尽管 E 合作社投入了大量资金购买大型农机，但目前没有享受到相关的补贴优惠政策。这使得合作社在农机投资方面面临较大的经济压力。

（五）合作社的坚持

尽管面临诸多困难，E 合作社理事长和成员仍然坚持从事粮食生产。他们表示，因为没有其他就业选择，也不会做生意，只能从事粮食生产维持家庭生计。

（六）未来展望

1. 未来规划

E 合作社理事长对未来 10～15 年的规划主要取决于国家政策和市场环境。他表示，如果补贴政策和市场价格稳定，合作社将继续从事农业生产。

尽管现在种地的收入尚可，但依赖补贴的经济模式仍然存在不确定性。

2. 政策支持的需求

E 合作社希望国家能够尽早出台政策，并提供相应的补贴和支持。特别是在补贴政策和仓储设施方面，政策的滞后影响了合作社的经营决策和经济效益。

3. 农机投资与技术更新

E 合作社希望未来能够享受更多的农机补贴政策，同时继续更新和维护农机设备，以提升生产效率和经济效益。长期以来，E 合作社已经在农机投资方面投入大量资金，未来希望能够获得更多的政策支持。

（七）结论与建议

E 合作社的经营状况反映了当前农业合作社面临的共性问题。这些问题包括但不限于政策滞后、租金上涨、仓储设施不足和大型农机补贴政策缺乏等。

为了改善合作社的经营状况，以下建议可供参考。

（1）完善政策支持：国家应尽早出台相关政策，特别是在补贴和仓储设施方面，确保合作社能够及时受益。

（2）优化租金政策：应加强对土地租赁市场的监管，防止租金过快上涨，减轻合作社的经济压力。

（3）提供仓储设施支持：政府应鼓励合作社建设仓储设施，并提供相关技术和资金支持，以提高粮食的储存能力和市场议价能力。

（4）增加农机补贴：国家应增加对大型农机的补贴，减轻合作社在农机投资方面的经济压力，推动农业生产的机械化和规模化发展。

（5）推动技术创新：鼓励合作社引入新技术和新设备，提高生产效率和经济效益。

总之，现代农业试点农机服务专业合作社作为中国农业现代化的重要组成部分，其可持续发展关乎国家粮食安全和农村经济稳定。通过政策的调整和支持，合作社能够在日益复杂的市场环境中保持竞争力，并为中国农业现代化进程作出更大贡献。

六、 湖南省醴陵市 F 合作社的经营现状与未来展望

（一）调研背景

近年来，中国农村合作社的发展受到国家政策的高度重视，尤其在粮食生产领域，合作社被视为提高农民收入、推动农业现代化的重要途径。然而，由于市场环境的变化以及农业生产中面临的各种挑战，合作社在实际运行中也遇到了许多困难。为此，本部分以 F 合作社为例，深入分析该合作社的运营状况、面临的主要问题，以及在此背景下合作社的坚持与未来展望。

（二）合作社基本情况

F 合作社主要从事粮食种植，包括水稻和油菜等农作物。作为当地的一名种粮大户，F 合作社理事长曾经是一个"小老板"，在农业领域投入了大量的资金和精力，发展出了较为完善的农业生产体系。然而，随着近年来农业生产成本的不断攀升、自然灾害频发以及政策支持力度的不足，F 合作社的经营状况日趋严峻。

（三）生产经营状况

F合作社主要从事水稻和油菜的种植。根据调研，油菜的种植成本相对较低，耕种、收割、风干等环节的总成本约为每亩600元，而油菜籽的产量约为200~220斤/亩，市场价格为3.6元/斤，亩均收益大致在700元左右。这样的收益使得油菜种植具有一定的利润空间。此外，油菜籽加工成油后的收益更高，且市场相对稳定。

相比之下，晚稻的收益情况则较为复杂。以2023年为例，F合作社种植晚稻的总成本为每亩980元左右。如果加上地租成本则达到1080元。然而，随着肥料、农药和燃油价格的上涨，种植成本逐年增加。2023年6月种了一季晚稻，收湿稻谷大约为1200斤/亩，市场价格为1.05元/斤，田租价格是200元/亩，净利润仅为180元/亩。尽管水稻种植存在利润，但由于价格波动较大，且部分地区土壤存在铬超标的风险，导致收入的不确定性较高。但980元的成本，已经比很多没有机械的农户种植成本更低，如果自己没有机械，成本大概为1050~1100元/亩。

（四）面临的主要问题

在生产经营过程中，F合作社面临着一系列严峻的问题。

1. 生产成本不断攀升

现在当地田租是200元/亩，田租低是因为没人愿意种地。如果合作社不种，其他大户来租只需要100~150元/亩。这两年肥料农药、燃油价格不停上涨，过去是900~930元/亩，冬储肥料1600多元/吨，现在上涨至3200元/吨左右。

2. 补贴资金难以到位

虽然国家政策中提到了农业担保贷款和政府贴息，但实际操作中，补贴资金的到位情况并不理想。例如，2021年申请的贴息贷款资金至今未到位，而2022年的申请则仍处于待批状态。这导致种粮大户难以获得应有的经济支持，生产积极性受到打击。

3. 农业保险未能发挥应有作用

去年由于干旱，F合作社1600多亩农田绝收，损失高达160多万元，而保险仅赔付了16万元。农业保险的赔付比例过低，无法有效弥补实际损失，导致F合作社今年放弃了投保。这种"买了保险也无用"的现象，严重影响了农户参与保险的积极性。

4. 农业基础设施投入不足

农业生产严重依赖自然条件，而当地的水利设施不足，尤其在干旱时缺乏灌溉用水。此外，现有的水渠年久失修，无人维护，修复成本高昂，往往需要上百万元的投入，但国家对此类基础设施的投入较少，合作社难以独自承担。

5. 资产过剩、恶性竞争

当地每个种粮大户都投入了200多万元的重资产，包括农机具、烘干厂等。然而，由于农田面积有限，这些资产利用率低形成过剩。例如，F合作社原本为10万亩地配置了5台烘干机，但实际上仅服务5万~7万亩地，导致了资源浪费。此外，由于市场饱和，农机具和烘干塔等设备难以通过社会化服务盈利。大户市场形成恶性竞争，不断有各类资本进入扰乱市场，同质化严重，市场饱和以后难以盈利。

6. 成本收益失衡，贷款压力大

由于粮食生产成本高企，而收益增长有限，合作社的现金流压力越来越大。F合作社每年需偿还200万元贷款，平均利息为0.6%，每月利息支出高达1.2万元。而实际的农产品销售收入仅能勉强覆盖贷款利息，无法支撑进一步的投资和发展。

（五）合作社的坚持

尽管面临重重困难，F合作社依然选择坚持，主要包括以下原因。

1. 重资产投入的制约

F合作社在农业生产中投入了近千万元的重资产，已经形成了较为固定的生产体系。在这种情况下，转行或退出农业生产并不现实。因此，合作社只能继续经营，以期在未来的市场和政策变化中获得突破。

2. 农业情结

F合作社理事长对农业有着深厚的感情，尽管困难重重，他仍然希望在农业领域有所作为。他相信如果政府能够提供有效的政策引导，农业生产仍然有较大的发展潜力。

3. 市场前景的期待

尽管当前市场环境严峻，F合作社理事长依然认为农业领域存在着一定的机会。他希望通过政策调整、市场规范以及基础设施的改善，合作社能够在未来迎来更好的发展机会。

（六）未来展望

展望未来，F合作社的发展面临诸多不确定性。

1. 政策支持的力度与落实

未来 F 合作社的发展在很大程度上取决于国家政策的支持力度。如果能够及时落实农业补贴、提高保险赔付比例、增加基础设施投入，将对 F 合作社的持续经营起到关键作用。

2. 市场竞争的加剧与规范化

随着各类资本的进入，农业市场竞争日趋激烈。如果不能形成有效的市场规范，大户之间的恶性竞争将进一步压缩利润空间，导致更多的规模户退出市场。

3. 自然灾害的影响

农业生产依然高度依赖天气条件，未来的干旱、洪涝等自然灾害仍是合作社面临的重大风险。如何提高农业生产的抗风险能力，是 F 合作社未来发展的重要课题。

（七）结论与建议

通过对 F 合作社的调研，得出以下结论和建议。

（1）加强政策落实力度：政府应加快农业补贴资金的发放进度，确保农户能够及时获得应有的经济支持。同时，优化农业保险机制，提高赔付比例，使保险真正成为农户抵御风险的有效手段。

（2）增加农业基础设施投入：建议政府加大对农业基础设施的投入力度，尤其是在水利设施建设和维护方面。通过改善灌溉条件，提升农业生产的抗灾能力，减少农户对天气的依赖。

（3）引导市场规范化发展：政府应制定相关政策，规范市场竞争秩序，防止恶性竞争。同时，鼓励合作社之间的协作，共同抵御市场风险，实现可持续发展。

（4）优化资源配置，避免重资产过剩：针对重资产过剩的问题，建议政府引导合作社优化资源配置，避免重复投资。通过合理规划农机具和烘干塔等设备的使用，提升资源利用率，降低经营成本。

（5）加强农户教育与培训：政府应加强对农户的政策教育和培训，提高农户对国家政策的理解和对接能力，帮助农户更好地利用各项政策红利。同时，鼓励合作社探索多元化经营模式，降低单一农产品带来的市场风险。

总之，F合作社的现状反映了当前农村合作社在发展过程中面临的普遍问题。通过加强政策支持、改善基础设施、规范市场竞争等措施，合作社有望在未来获得更好的发展前景。

七、 贵州省普定县 G 大户的经营现状与未来展望

（一）调研背景

在中国西南地区，农业发展面临着特殊的地理和经济挑战。贵州普定的 G 大户在这种环境下，致力粮食生产，尤其是玉米制种产业。随着市场需求的变化和国家农业政策的推动，G 大户的粮食生产既面临机遇，也遇到了一些瓶颈。本部分旨在了解 G 大户的合作社基本情况、生产经

营状况、所面临的主要问题以及未来的展望，以便为地方农业发展提供参考，并为政策制定者提供切实可行的建议。

（二）合作社基本情况

G大户是贵州省普定县的一位玉米种植大户，主要从事玉米制种和水稻种植。近年来，他积极与种子公司合作，通过扩大玉米种植面积来增加收入。同时，他还参与了地方政府组织的农业社会化服务，利用县里提供的机械设备，支持农业全程机械化的推广，为其他农户提供农业服务。G大户在当地被视为农业发展的领军人物，但在实际经营过程中，他也面临着一系列的问题。

（三）生产经营状况

G大户的农业生产主要分为玉米制种和水稻种植两个部分。在玉米制种方面，他的经营效果显著。玉米的种植成本（包括地租）约为1100元/亩，而玉米产量为400斤/亩，市场价格为10元/斤，这使得总收益达到4000元/亩，净利润高达2900元/亩。受这一高利润的驱动，G大户计划在今年继续扩大玉米种植面积，从1000亩增加到1500亩，与种子公司的合作也将进一步深化。

相比之下，水稻种植的经济效益则不尽如人意。全程机械化下，水稻种植的成本在1300~1400元/亩（其中包括800元的地租），但每亩的水稻产量为900斤，市场价格为1.4元/斤，总收益仅为1200元/亩，导致净利润为负。这意味着，除非种植特色水稻品种，否则在当地进行水稻种植基本无利可图。

此外，G大户还参与了政府主导的社会化服务，通过提供全程机械化服务，不仅获得了额外收入，也为当地创造了就业机会，帮助巩固脱贫攻坚成果。

（四）面临的主要问题

尽管玉米制种的盈利较为丰厚，但 G 大户在农业生产中仍然面临以下几个关键问题。

1. 农业设施用地紧张

随着玉米种植规模的扩大，G 大户发现农业设施用地愈发紧张。这种农业建设用地的匮乏限制了他进一步扩大生产规模和提升产量的可能性。

2. 农业保险问题

虽然政府为农业保险提供了一定的补贴，但实际操作中，商业保险公司对承保农业风险兴趣不大，往往拖延赔付或拒绝承保。这使得 G 大户在面临自然灾害或其他意外时，缺乏足够的风险保障，增加了经营的不确定性。

（五）大户的坚持

面对这些问题，G 大户依然选择坚持农业生产，尤其是在玉米制种方面。他之所以坚持，主要是因为玉米制种的高回报率能够弥补其他作物带来的损失。同时，通过与种子公司的稳定合作，他对未来的收益有较强的信心。此外，G 大户对农业有深厚的感情，尽管水稻种植亏损严重，他仍然希望通过优化品种选择来实现盈利，并为当地农业的发展贡献力量。

（六）未来展望

G大户对未来的农业生产保持积极态度，计划继续扩大玉米制种的规模。然而，未来的不确定性依然存在，主要表现在以下几个方面。

1. 土地资源的可持续利用

随着农业设施用地的日益紧张，如何高效利用现有土地资源，并通过技术手段提高土地利用率，成为G大户未来发展的关键问题。

2. 政策支持与保险机制的完善

如果政府能够加强对农业保险的支持力度，促使商业保险公司更积极地参与农业保险，G大户将能够更好地应对自然灾害和市场波动的风险。

3. 市场需求变化

虽然玉米制种市场目前收益较好，但市场需求的变化可能带来价格波动，这将直接影响G大户的收入水平。

（七）结论与建议

G大户的经营情况反映了当前农业大户在实际生产中所面临的机遇与挑战。为促进他及类似农户的可持续发展，提出以下建议。

（1）优化土地资源配置：建议地方政府在政策上给予支持，帮助解决农业设施用地紧张的问题，确保大户有足够的空间进行生产和设施建设。

（2）完善农业保险机制：政府应继续推动农业保险的普及和完善，增加对保险公司的引导，减少农户在投保过程中的障碍，提供更好的风险保障。

（3）支持特色农业发展：针对水稻种植的亏损现状，政府应鼓励和支持农户种植特色品种，并提供相应的技术指导和市场对接，帮助农户实现盈利。

通过这些措施，G 大户及其他农户将能够更好地应对挑战，继续推动当地农业的可持续发展。

八、 江苏省泗阳县 H 家庭农场的经营现状与未来展望

（一）调研背景

随着中国农业现代化的推进，家庭农场在农业生产中的地位日益重要。H 家庭农场在过去几年中经历了从亏损到逐步走向盈利的转变。然而，在这一路上，H 家庭农场也面临着诸多挑战，包括种植技术的选择、成本的上涨，以及农业政策的影响。本次调研旨在全面了解该农场的经营状况、面临的问题以及未来的展望，并为农业政策的制定提供参考依据。

（二）合作社基本情况

H 家庭农场位于江苏省泗阳县卢集镇，是当地较为典型的家庭农场之一。农场主在21世纪10年代初期开始经营该农场，主要从事小麦和水

稻的种植。最初几年，农场经营面临着严峻的挑战，由于缺乏经验和对市场的把控不力，H 家庭农场在头两年一直处于亏损状态。尤其是在品种选择方面，由于对本地土壤和气候条件不够熟悉，农场主曾多次因作物质量问题而赔本，甚至一度陷入困境。然而，通过不断学习和专家指导，他逐渐摸索出一条适合当地的种植路径。

（三）生产经营状况

H 家庭农场的生产经营主要集中在小麦和水稻的种植上。以下是该农场主要作物的生产情况。

1. 小麦种植

近年来，小麦种植成本逐年上升。2023 年，小麦种植的成本约为每亩 1050～1150 元，其中土地承包费占据了相当大的比例，每亩季承包费为 400～500 元。其他成本的增加主要来自化肥、燃油和人工成本的上涨。然而，尽管成本增加，农场的小麦亩产量仍然稳定在 950～1000 斤。小麦市场价格波动较大，一般在 1.31～1.42 元/斤浮动，最高可达到 1.5 元/斤。因此，每亩小麦的净利润约为 180～280 元。

2. 水稻种植

农场的水稻种植主要以粳稻为主。由于泗阳县的土壤以黏土为主，粳稻的生长期较长，且粳稻的水分较难控制，这给种植带来了较大的挑战。最初，由于缺乏烘干设备，稻谷的水分含量无法降到标准水平，导致产品质量不稳定。后来，在农业专家的指导下，农场主引入了机插杂交稻技术，通过缩短生长期和优化品种，逐步提升了水稻的产量和质量。然而，水稻市场价格的不确定性依然是农场主最为担忧的问题。

（四）面临的主要问题

尽管农场在技术和管理上逐步取得进展，但农场主在经营过程中仍面临一些亟待解决的问题。

1. 财政支持的滞后

农场主指出，地方财政困难导致农机补贴迟迟未能发放。2022 年申请的农机补贴至今未到位，而以往通常在三个月内便可发放到农户手中。这种财政支持的滞后影响了农场的现金流和设备更新，制约了农场的进一步发展。

2. 农业技术培训的局限

虽然农业技术培训频繁举办，但农场主认为这些培训内容雷同，缺乏实用性。此外，培训大多安排在农忙时节，既占用时间又影响生产效率。这种培训模式并未真正提升农户的技术水平，反而加重了他们的负担。

3. 成本的持续上涨

化肥、燃油和人工成本的持续上涨给农场经营带来巨大的压力。农场主表示，尽管粮食价格有所提升，但成本的增加速度更快，这使得农场的盈利空间被严重压缩。

4. 粮食价格的不确定性

作为一个长期从事粮食生产的大户，农场主最为担忧的是粮食价格的波动。如果粮食价格下降，农场的盈利能力将受到严重影响。虽然他购买了政策险和农业商业险作为托底，但这些保险的赔付机制复杂且赔付金额有限，难以完全覆盖潜在的损失。

（五）大户的坚持

尽管面临诸多困难，农场主依然选择坚持继续经营家庭农场。这一坚持的背后，有着多重原因。

（1）重资产投入的不可逆性：农场主在农场上的投资巨大，包括土地承包、机械设备、灌溉设施等。由于这些资产投入巨大，短期内很难通过其他方式收回成本，因此他不得不继续经营下去。

（2）农业情结与社会责任：农场主对农业有着深厚的感情，并希望通过自己的努力推动当地农业的发展。此外，他还积极参与了地方政府推动的社会化服务，利用现有的生产资料为周边农户提供服务，减少农机闲置，提高资源利用率。他认为，通过这种方式，不仅可以提升自身效益，也能带动整个区域农业的发展。

（六）未来展望

农场主对农场的未来充满希望，但也意识到未来充满不确定性。他认为，家庭农场的未来发展主要取决于以下几个方面。

1. 国家政策的支持

农场主认为，国家对农业的重视程度将直接影响农场的生存和发展。他希望政府能够继续提高粮食价格，减少对补贴的依赖，让农户通过市场价格获得合理回报。

2. 市场价格的波动

粮食市场价格的不确定性始终是农场主最为关注的问题。如果未来价格能够保持稳定并逐步上升，农场的经营将更加稳健。但是，如果价格下跌，农场将面临更加严峻的挑战。

3. 技术进步与培训优化

农场主希望未来的农业技术培训能够更加实用，能够真正解决农场在生产过程中遇到的问题。此外，他还希望通过引进更先进的种植技术和管理模式，进一步提升农场的生产效率和产品质量。

（七）结论与建议

H家庭农场的经营状况反映了当前家庭农场在实际生产中所面临的典型问题。通过调研，可以得出以下结论与建议。

（1）加快补贴发放：地方政府应加快农机补贴的发放速度，确保农户能够及时获得财政支持，维持生产的正常运转。

（2）优化农业技术培训：建议农业部门根据农户的实际需求，优化培训内容和时间安排，避免重复和无效的培训，提高培训的实用性和针对性。

（3）稳定粮食市场价格：政府应加强对粮食市场的调控，避免价格的大幅波动。通过政策手段确保粮食价格的稳定，让农户能够通过市场获得合理的利润。

（4）加强保险机制的完善：建议进一步完善农业保险机制，扩大保险覆盖面，提高赔付标准，简化理赔程序，让农户在面临自然灾害或市场波动时，能够获得更好的风险保障。

通过这些措施，H 家庭农场有望在未来的农业发展中取得更大的成功，推动当地农业的可持续发展，并为其他家庭农场提供可借鉴的经验。

九、粮食规模经营户故事的背后：坚守与展望

本章通过对 8 个不同地区的家庭农场和合作社的案例分析，旨在探讨中国粮食规模户面临的实际挑战与应对策略。这些案例涵盖了从北方的黑龙江、河北到南方的湖南、贵州等地，涉及水稻、小麦、玉米、大豆等主要粮食作物的生产。通过深入分析这些农场和合作社的经营状况、面临的主要问题及未来展望，我们可以更好地理解中国粮食规模经营户在生产经营过程中的共性问题和区域差异。

（一）生产经营状况

1. 成本与收益

8 个农场和合作社在成本结构和收益水平上表现出显著的地区差异。例如，黑龙江省富锦市 B 家庭农场近年来种植成本显著增加，2023 年的每亩地种植成本达到 867 元，相较于前几年的 600 元显著提升，导致净利润空间大幅压缩。同样，H 家庭农场的小麦种植成本为 1050 ~ 1150 元/亩，净利润为 180 ~ 280 元/亩，利润率较低。

在贵州普定，G 大户的玉米制种项目因高单价和低成本使得每亩净利润达到 2900 元。这种高收益驱动了他未来的扩张计划，从 1000 亩扩展到 1500 亩。此外，D 合作社通过规模化经营和现代化管理，有效控制了小麦和玉米的生产成本，显示了规模经济的优势。小麦的每亩种植成本仅为 494 元，远低于散户农民的 652 元。D 合作社社长同样也有进一步的

扩张计划。

2. 机械化与技术应用

机械化的应用在提升农业生产效率中起到了关键作用。F 合作社引进了 200 多台大型农机具，极大地提升了农业生产效率。然而，该合作社面临国产设备在精度和效率上的不足，以及农机补贴覆盖范围有限的问题，制约了机械化的进一步提升。F 合作社尽管拥有充足的机械设备，但因农田面积有限，设备利用率低，形成了资产过剩的问题，增加了经营压力。

3. 市场与销售渠道

销售渠道的拓展和市场价格的波动对农场和合作社的经济效益影响显著。B 家庭农场通过与米厂合作的订单农业模式，保障了销售渠道的稳定性。然而，市场价格的下降仍对其净利润构成压力。贵州普定的 G 大户在玉米制种市场中表现良好，但水稻市场的低迷导致其整体收益受到影响。

（二）面临的主要问题

1. 政策与补贴的滞后性

多个农场和合作社面临政策和补贴滞后的问题。例如，F 合作社的大豆和玉米补贴迟迟未见，影响了种植决策。H 家庭农场的农机补贴也因地方财政困难迟迟未到位，影响了设备更新和经营发展。

2. 保险机制的不完善

农业保险机制的不完善在多个案例中有所体现。F 合作社因保险赔付比例低，无法有效弥补因自然灾害带来的损失，导致农户对保险的信任度下降。贵州普定的 G 大户也因商业保险公司不愿意承保农业风险而面临较大的不确定性。

3. 生产成本上升与劳动力短缺

生产成本的上升是农场和合作社的共同难题，特别是化肥、燃油、人工成本的增加。如 H 家庭农场，这些成本上涨压缩了盈利空间。此外，劳动力短缺问题在 D 合作社中也非常明显，尤其是在农忙季节，劳动力供应不足加剧了经营困难。

4. 设施用地与存储问题

设施用地的限制和粮食存储问题也普遍存在。例如，D 合作社由于设施用地政策的限制，难以扩建仓储设施，影响了其应对市场和气候风险的能力。F 合作社因缺乏仓储设施，导致粮食在市场价格较低时被迫出售，未能获得最佳收益。

（三）坚持种粮的原因

在分析这些农场和合作社继续种粮的原因时，我们可以将其细化为以下几个关键因素，每个因素在不同的案例中都有具体的体现。这些因素共同构成了农户和合作社在面对经济、自然、和政策挑战时依然坚持粮食生产的基础。这些因素也可以给稳定种粮积极性一些启发。

1. 重资产投入的锁定效应

重资产投入是许多农户和合作社继续种粮的重要原因之一。农业生产所需的机械设备、基础设施以及土地的承包费用，通常都是高昂的前期投资。一旦这些资金投入，农户和合作社就很难在短时间内将其变现或转移到其他行业。放弃农业生产意味着这些资产将面临贬值或完全闲置的风险。

H家庭农场就是一个典型的例子。农场主在农场的经营中投入了大量资金用于土地承包、机械设备购置、灌溉设施建设等。由于这些投资的巨大规模，即便农业生产的利润空间有限，他也无法轻易放弃种粮。而一旦停止种植，这些设备和设施将变得无用，巨额投资将变成沉没成本。因此，继续种粮成为了最具现实性的选择，即使粮食生产并不总是盈利。

F合作社也存在类似的问题。F合作社在农业生产中投入了近千万元的重资产，包括农机具、烘干厂等设施。这些资产虽然增加了生产效率，但由于耕作面积的限制，设备利用率低，规模经济难以形成，导致了资产过剩的问题。然而，这些设施的存在却迫使他继续坚持农业生产，因为退出农业市场意味着这些资产的价值将大幅缩水。

2. 农业情感与社会责任

许多农户和合作社负责人对粮食生产有着深厚的感情和强烈的社会责任感。他们不仅把粮食生产视为谋生手段，更将其视为一种传承和责任。这种情感和责任感驱使他们在困难面前继续坚持。

G大户在贵州普定的玉米种植便是一个典型例子。尽管面临农业保险的不完善、设施用地紧张等诸多问题，G大户依然选择坚持。这不仅是因为玉米制种带来的高回报率，还因为他对农业有着深厚的情感和责任感。他希望通过自己的努力，不仅能够实现个人和家庭的经济利益，还能推动当地农业的发展，帮助其他农户共同进步。

B家庭农场同样表现出对农业的深厚情感。农场主作为一名有近30年种植经验的农场主，对自己的土地有着深厚的感情。他不仅掌握了先进的种植技术，还通过长期的土地培育提高了土地产出率。这种对土地和农业的深厚情感，使他即使在面对成本上升和利润下降时，依然选择继续种植水稻，而不是转行其他行业。

3. 市场潜力与收益预期

农户和合作社选择继续种粮的重要原因之一是他们对市场的潜力和未来收益的预期。尽管农业市场存在波动和不确定性，但农户普遍认为粮食市场的需求长期存在，随着政策调整和市场规范，农业生产仍有较大的发展空间。

农场主 B 在黑龙江的水稻种植也体现了对市场潜力的信心。尽管近年水稻市场价格有所下滑，但他依然认为粮食市场需求强劲，尤其是在优质水稻品种上。他通过与米厂的合作，确保了稳定的销售渠道，并期待未来随着粮食市场的价格回升，农场的收益能够进一步增加。

G 大户的玉米制种项目也是一个很好的例子。G 大户之所以在水稻种植亏损的情况下依然选择继续经营玉米制种项目，主要是因为玉米制种的市场前景良好。每亩2900元的净利润足以驱动他扩大种植规模，并与种子公司继续合作。他相信，通过规模化经营和市场需求的稳定增长，玉米制种项目将带来持续的收益。

4. 收入虽微但稳定

尽管农业生产的利润微薄，但对于许多农户来说，它仍然提供了相对稳定的收入来源，特别是在经济环境不确定性较大的情况下，种粮成为了维持家庭基本生活的可靠途径。农户通过种植粮食，能够确保一年中有固定的收入流入，这些收入虽不丰厚，却能够稳定家庭的经济状况，支持日常开支和子女教育等基本需求。

例如，河北省隆尧县 A 家庭农场的情况就体现了这一点。尽管近年来粮食价格波动较大，A家庭农场的收益受到一定影响，但他仍然选择继续种粮，因为种植粮食可以为家庭提供稳定的现金流，确保生活的基本需求得以满足。相比其他可能存在较大波动的收入来源，农业生产尽管利润不高，却相对稳健可靠，不会出现突然的收入断层。此外，粮食作为基本生活必需品，市场需求相对稳定，这也使得种粮成为一种较为安全的投资，特别是在缺乏其他经济机会的情况下。

这类稳定的收入来源使得农户在面对经济压力时能够维持家庭的日常生活，同时也使得他们在面对市场波动时不至于完全丧失经济保障。因此，尽管种粮的利润有限，但其稳定性使得许多农户仍然选择坚持种粮作为主要的经济活动。

5. 灵活的工作时间和多样化的经营模式

除了收入的稳定性，农业生产还提供了相对灵活的工作时间，这对于农户来说是一个重要的优势。农业生产的季节性特点使得农户可以根据不同的农事安排工作时间，避免了固定工作时间的约束，能够更好地平衡生产劳动与家庭生活。

例如，农场主A在种粮的过程中，能够根据农忙季节调整工作节奏。在农忙时，他集中精力进行种植、灌溉和收割等主要工作，而在农闲时，则有更多的时间处理家庭事务或从事其他副业。这种灵活性使得农户能够自主安排生产和生活，既不会因为农业生产而完全占用所有时间，也能够在必要时投入更多精力以确保生产顺利进行。

此外，农业生产还允许多样化的经营模式，这使得农户能够在种粮之外探索其他收入来源，以降低单一收入来源带来的风险。例如，许多农户在农闲时会从事副业，如养殖、农产品加工或经营小商店等。这些副业不仅能够补充家庭收入，还能为农户提供更多的经济保障，增强家庭经济的抗风险能力。

这种多样化的经营模式与灵活的工作时间相结合，使得农户能够更加自主地掌控生产与生活的节奏，同时在经济上获得更多元化的支持。因此，尽管种粮本身的利润并不高，但其工作时间的灵活性和经营模式的多样性，为农户提供了更大的经济和生活自由度，这也是他们继续选择种粮的重要原因之一。

6. 政策支持与社会化服务

尽管政策和补贴存在滞后性和不足，许多农户和合作社依然能够从中获得一定的支持，这在某种程度上帮助他们减轻了经济压力，促进了粮食生产的持续进行。

D 合作社通过政府的政策支持和补贴，特别是在植保作业方面的补贴，大大降低了农户的生产成本。这些政策支持使得合作社能够以更低的成本为农户提供高质量的服务，提高了合作社的整体盈利能力。政策支持和社会化服务不仅帮助农户和合作社渡过了经济难关，还为他们提供了继续发展的动力。

F 合作社在面临补贴资金难以到位的情况下，依然依赖现有的政策支持进行农业生产。尽管合作社在补贴方面并未及时受益，但理事长仍然相信未来政策的落实将为合作社的发展提供更多的支持。这种对政策支持的依赖和期待也是他继续坚持种粮的原因之一。

总体来说，这些农场和合作社继续种粮的原因复杂多样，包括重资产投入的锁定效应、对农业的深厚情感、市场潜力的预期、维持生计的需求、政策支持的依赖以及社会认同的维持。这些因素相互作用，形成了农户和合作社在面临诸多挑战时仍然坚持农业生产的根本动力。

（四）未来计划

通过对 8 个粮食规模经营户的案例分析，我们可以看出这些经营户对未来持有谨慎乐观的态度。尽管面临诸多挑战，但他们依然相信通过不断的努力和适当的策略调整，可以在农业领域取得成功。

1. 会扩大生产规模

部分受访者计划通过扩大种植面积来增加收入。例如，G 大户打算增加玉米制种面积，从 1000 亩扩展到 1500 亩，并加深与种子公司合作，以实现更高的收益。同样，A 家庭农场也有意在新疆继续扩大玉米种植规模，利用那里较低的土地租赁成本和稳定的生产条件。

2. 多样化经营

许多受访者意识到单一依靠粮食种植的风险，因此正在探索多元化的经营方式。例如，A 家庭农场不仅种植小麦和玉米，还涉足养牛业，并在当地开设店面，以此作为补充收入来源。通过这样的多元化经营，农场主可以分散风险，提高整体盈利能力。

3. 持续升级技术

粮食规模经营户普遍看好农业技术和机械化的发展前景。引入先进的种植技术、农业机械化以及智能农业设备，将有助于他们进一步提高生产效率，降低劳动成本，并减少对天气等不利自然条件的依赖。F 合作社正是通过引进现代农机设备，极大地提升了农业生产效率，并计划在未来进一步扩大机械化服务的范围。G 大户积极采用县里提供的机械设备支持农业全程机械化，以提高工作效率。同样，C 家庭农场也通过引入机插杂交稻技术，提升水稻产量和质量。G 大户的贵州普定玉米种植项目也期待通过技术进步进一步提高玉米制种的产量和质量，从而巩固并扩大其在市场中的优势。他认为，随着技术的进步，农业生产将越来越精细化和智能化，经营户的生产成本将进一步降低，收益将进一步提升。

4. 市场对接

经营户对未来市场的拓展和品牌建设抱有积极展望。随着消费者对农产品质量和安全的要求越来越高，经营户希望通过品牌化运营和市场拓展，提升自身产品的市场竞争力。B 家庭农场就是通过与米厂合作的订单农业模式，保证了产品质量和稳定的市场渠道，并计划在未来通过品牌建设进一步提升市场占有率。此外，F 合作社也看到了农业市场的品牌化趋势，尽管当前市场环境存在诸多不确定性，他依然认为通过标准化生产和品牌推广，可以获得更高的市场溢。一些农场主已经开始尝试通过电商平台等新型渠道销售农产品，以获得更高的利润空间。例如，H 家庭农场通过网络平台销售其生产的农产品，拓宽了销售渠道。

5. 政策支持的持续增强

许多经营户对未来的政策支持抱有期待，认为国家在农业方面的持续投入和政策优化将为他们带来新的机遇。经营户普遍希望政府能够加大对农业的扶持力度，尤其是在农机补贴、农业保险、粮食价格保护以及基础设施建设方面。如 H 家庭农场便对政策的及时落实充满期待，希望未来的政策调整能够提升粮食价格，使农户不再依赖补贴而是通过市场机制获得合理的收益。此外，D 合作社的经营者也期待政府能够在设施用地政策上提供更多的支持，以便扩大仓储和加工设施，延长产业链，提高农产品的附加值。他们相信，如果政策支持力度持续增强，农户将能够进一步扩大规模，实现更高的经济效益。

（五）关注的不确定性

尽管粮食规模经营户对未来抱有希望，但他们也清楚地意识到存在着不少不确定性因素，这些因素可能会影响他们的长期发展计划。

1. 市场波动

粮食市场价格的波动是经营户最为关注的不确定性之一。尽管他们对粮食市场的长期需求保持乐观，但短期内价格波动的风险依然存在。一旦价格下跌至某一临界点，农场的盈利能力将受到严重影响。例如，小麦价格降至 1.17 元/斤以下时，合作社的利润空间将大幅缩小。农场主 B 等经营者已经感受到近年来水稻市场价格的下滑，这使得他们的净利润受到显著影响。

此外，随着市场需求的变化，消费者对产品质量和品种的偏好也可能发生改变，这可能迫使经营户调整种植结构和经营策略。例如，如果未来玉米市场需求减少或价格下跌，G 大户的玉米制种项目可能会面临较大的经济压力。

2. 政策变化

农业政策的变化对合作社的发展具有重要影响。政府的补贴政策、土地使用政策、农机补贴政策等都将直接影响农场的生产经营。政策的滞后性和变动性是经营户面临的主要不确定性之一。虽然他们对政策支持抱有期待，但也担心政策落实不到位或者政策出现变动。例如，H 家庭农场和 F 合作社都提到农机补贴和农业保险政策落实的不确定性，这些政策如果不能及时落实或突然改变，将对经营者的经济状况产生重大影响。经营户还关注未来粮食价格保护政策的稳定性，如果国家对粮食价格的保护力度减弱，经营户的利润空间可能会进一步受到挤压，这将影响他们对未来投资的信心。政策的不确定性和滞后性可能导致农场主无法及时调整经营策略，以应对政策变化带来的影响。

3. 自然灾害

自然灾害和气候变化对农业生产的影响是不可忽视的不确定性。尽管技术进步和机械化可以在一定程度上减轻自然条件的不利影响，但极端天气和气候变化带来的风险仍然存在。近年来极端气候事件频发，如暴雨、干旱等，对农作物造成损害，进而影响农场的收益。例如，2023年7月31日的暴雨导致A家庭农场遭受重大损失。F合作社在干旱年间损失惨重，而农业保险又无法完全弥补损失，这使得经营者对未来的气候风险感到担忧。随着气候变化加剧，未来极端天气事件的频率可能增加，这将给农业生产带来更大的不确定性。经营户必须在未来进一步加强风险管理，提升抗灾能力，以应对可能的气候挑战。

4. 基础设施不足

农业基础设施的缺乏，特别是仓储设施的短缺，使得农场在粮食存储方面面临挑战。缺乏必要的产后设施，农场的粮食一旦收获后难以妥善存放，往往被迫在市场价格较低时出售，导致较大经济损失。此外，现代农业基础设施如滴灌、喷灌系统的缺乏，也影响了生产效率和抗风险能力。

5. 技术与设备升级

随着农业现代化的推进，技术与设备的升级成为必然趋势。如何在成本压力和设备升级之间找到平衡，是农场主需要解决的问题。例如，农机设备质量问题直接影响作物产量和质量，进而影响经济效益。

6. 劳动力不足

在实际生产中，合作社面临着劳动力不足的问题，尤其是在关键时期的劳动强度较大时。尽管机械化水平的提升可以部分缓解劳动力短缺的问题，但在一些地区，农业劳动力的供应仍然难以满足需求，尤其是在农忙季节。此外，劳动力成本的不断上升也给经营者带来了压力。例如，D合作社在应对劳动力成本上升时，不得不依赖机械化作业来降低成本，但如果未来劳动力成本继续攀升，经营者可能需要进一步调整生产方式和经营策略。

总的来说，粮食规模经营户对未来持谨慎乐观态度，希望通过扩大生产规模、多元化经营、技术升级和市场对接等方式提高盈利能力。然而，市场波动、政策变化、自然灾害、基础设施不足以及技术与设备升级等问题构成了他们前进道路上的主要不确定性。政府和社会各界应当共同努力，为这些农场提供必要的支持与保障，以帮助他们在农业现代化进程中稳步前行。

（六）如何继续坚持

要让这些农场和合作社在未来能够持续经营，以下几点至关重要。

第一，完善政策支持与及时落实。政府需要加快农业补贴和政策的落实，确保农户和合作社能够及时获得应有的支持。这包括加速补贴资金的发放、提高农业保险的覆盖率和赔付标准，以及在设施用地方面给予更多的政策支持。

第二，推动机械化与技术进步。进一步推动农业生产的机械化和技术升级，以提高生产效率和降低成本。农机设备的更新和技术的引进能够帮助农户在面对劳动力短缺和成本上升时仍然保持竞争力。

第三，拓展销售渠道与稳定市场。扩展销售渠道和稳定市场价格将有助于农户和合作社减少市场波动的影响。政府和相关部门应帮助农户和合作社拓展销售渠道，减少中间环节，提高市场议价能力。

第四，优化资源配置与多元化经营。合理优化资源配置，避免重资产过剩，并探索多元化经营模式，以降低单一作物带来的市场风险。更好地利用现有机械设备，并通过多元化种植或加工全产业链延伸，提升整体抗风险能力。

第五，强化教育与培训。提高农户对农业政策、市场动态和先进技术的理解和掌握水平，通过教育与培训增强他们的经营能力。

第六，优化农业保险机制。建议完善农业保险机制，扩大覆盖面，提高赔付标准，增强农户和合作社抵御自然灾害和市场波动的能力。

第八章

美国农场的风险管理经验

　　美国农业极具竞争力。农业生产者的市场经营经验非常丰富。政府为生产者提供的支持保障覆盖面广、力度大。美国农业生产者大多为具有一定规模的农场，和中国规模经营户有一定相似之处。分析美国农场的风险管理经验，可以为完善我国粮食规模经营体系提供一定参考。为系统介绍美国农场的风险管理经验，本章结构安排如下。第一，介绍美国农场面临的风险类型，分析现实中农场主关注的主要风险。第二，介绍农场自身的风险管理方式，大致分为内部应对策略和分担型应对策略。第三，介绍美国政府的风险应对策略。第四，分析农场在实践中选择的风险管理策略。第五，介绍对中国的启示。

一、 农场面临的风险

　　农业经营中存在多种风险，有些风险是农业特有的，比如恶劣天气可能显著降低当年的产量。而其他风险，如价格或制度风险，虽然在所有行业中普遍存在，但对于农业生产者而言，它们反映了额外的经济成本。这些风险来源强调了农业生产者在日常经营中所面临的多方面挑战，以及他们需要采取综合风险管理策略，以确保业务的可持续性和财务稳定性。

（一）农场面临的风险类型

美国农业部和相关研究通常将农场面临的风险划分为以下几类。

1. 生产或产量风险

生产风险源于作物或牲畜自然生长过程中的不确定性。农业受到许多不可控事件的影响，这些事件通常与天气有关。过多或不足的降雨、极端温度、冰雹、昆虫和疾病等都会影响农业生产，进而影响生产产品的质量和数量。农业技术在农业生产风险应对中发挥关键作用，但也存在不确定性。一方面，新作物品种和生产技术的迅速引入往往具有提高效率的潜力，但有时可能会在短期内产生不良结果，给生产带来波动性。另一方面，一些技术或相关配套装备可能存在被淘汰的风险，导致已成为惯例的农业生产活动难以继续开展，进而给生产带来不确定性。

2. 价格或市场风险

这类风险发生在农业生产的整个过程。产出或投入品价格变化是这类风险的主要成因。农业生产是一个漫长的过程，与生物生长成熟的自然过程紧密相关，导致与其相关的经济活动也有更长的回报周期。不同作物的生长过程差别较大，需要持续投入农业生产资料，而要在较长时间以后才能获得回报。但市场瞬息万变，牵连复杂并且涉及国内和国际因素，生产者的收益可能会受到各类因素的影响。不同农产品的价格风险差异很大。

3. 制度风险

制度风险源于影响农业的政策和法规变化。可能对农场业务产生重大影响的政府决策示例包括税法、化学物质使用法规、动物废物处理规则，以及价格或收入支持支付的水平。这类风险通常表现为未预见的生产约束或投入品或产出品的价格变化。例如，政府关于农药（用于作物）或兽药（用于牲畜）使用的规则变化可能会改变生产成本；外国决定限制某种作物的进口可能会降低该作物的价格。其他制度风险可能来自影响畜禽粪便处理、限制保护措施或土地使用的政策变化，以及所得税政策或信贷政策的变化。

4. 财务风险

财务风险是由农场经营资本的获取和融资方式引起的。该风险产生于农场业务借款并形成了偿还债务的义务。财务风险包括利率上升、贷款被贷方要求提前偿还的可能性，以及信贷可获得性的限制。农民可能会面临借贷资本利率波动的风险，或者由于资金不足而难以偿还债权人的情况。使用借入资金意味着必须将一部分业务收益分配给偿还债务。即使农场完全由业主融资，经营者的资本仍然面临波动风险。

5. 人力或个人风险

农场是由农场主来经营，农场主本身的个人风险也会给农场经营本身带来风险。对农场有破坏性的影响是农场经营者死亡、离婚、受伤或健康状况不佳等。除此以外，参与农场经营的人的目标变化也可能对农场的长期表现产生重大影响。

（二）农场关注的重点风险

在所有风险类型中，农场会根据自身状况着重关注几类风险。在20世纪90年代美国农业支持政策迅速调整发展的阶段，美国农业部和科研机构对农场关注的风险进行了一系列调查，得到的结果反映了当时农场经营的重点风险。

1. 农业资源管理调查

农业资源管理调查（Agricultural Resource Management Survey，ARMS）是美国农业部用于收集美国农场和牧场的生产实践、资源利用和经济福利等信息而开展的调查，每4～10年开展一次。1996年农业资源管理调查针对全国范围内的农场经营者开展了专项调查，调查采用基于概率抽样的调查方式。

其中一项调查内容询问农场主对他们农场运营产生影响的因素的关注程度，以及对农场持续运营可能受到的影响的担忧程度。调查中提到影响可持续运营的因素包括六方面内容，分别是政府法律法规的变化、消费者对农产品偏好的变化、诉讼、采用新技术的能力、商品价格的不确定性、农作物或牲畜减产。其中，政府法律法规的变化涉及政策变动对农场运营的影响。消费者对农产品偏好的变化，是考虑市场需求变化对农场的影响。诉讼指涉法务纠纷的可能性。采用新技术的能力，反映农场适应技术变革的能力。商品价格的不确定性，衡量市场波动对于农产品价格的影响。农作物或牲畜减产，评估因自然灾害或其他因素导致产量下降的担忧。调查还将农场划分为不同类型，具体如图8－1和表8－1所示。

从所有农场的角度来看，农场主最担心的风险是政府法律和法规的变化、农作物或牲畜减产、商品价格的不确定性，分别对应制度风险、生产风险及价格风险（见图8－1）。具体到主要粮食作物（调查中指小麦、玉米和大豆），农场主最担心的风险分别是商品价格的不确定性、农作物或牲畜减产和政府法律和法规的变化。但要注意到，粮食农场主的担忧程度偏高。具体来看，对政府法律法规变化的担忧，粮食平均值为3.10，

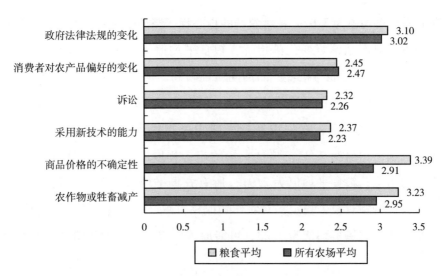

图 8-1　ARMS 调查中农场经营风险自评价

注：自评价担忧程度从 1 到 4，其中 1 表示不担心，2 表示有点担心，3 表示有些担心，4 表示非常担心。

表 8-1　　　　　ARMS 调查中农场经营风险自评价：主要农产品

农场类型（按主产品）	政府法律法规的变化	消费者对农产品偏好的变化	诉讼	采用新技术的能力	商品价格的不确定性	农作物或牲畜减产
小麦	3.36	2.55	2.47	2.38	3.83	3.51
玉米	3.15	2.39	2.03	2.39	3.40	3.20
大豆	2.79	2.40	2.46	2.33	2.93	2.98
棉花	3.54	2.86	2.78	2.77	3.75	3.68
水果	2.97	2.44	2.39	2.34	2.88	3.05
蔬菜	2.75	2.59	2.66	2.09	2.82	2.85
牛	3.03	2.58	2.36	2.25	2.96	3.09
猪	3.23	3.01	2.70	2.63	3.31	3.53
禽类	3.34	2.79	2.32	2.60	3.09	3.20
奶类	3.31	2.76	2.36	2.45	3.54	3.40
所有农场	3.02	2.47	2.26	2.23	2.91	2.95

注：自评价担忧程度从 1 到 4，其中 1 表示不担心，2 表示有点担心，3 表示有些担心，4 表示非常担心。

所有农场平均值为3.02，粮食农场的担心程度略高于所有农场的平均值；对消费者对产品偏好变化的担忧，粮食平均值为2.45，所有农场平均值为2.47，这可能与粮食产品的同质性较高、消费者偏好不明显有关；对诉讼的担忧，粮食平均值为2.32，所有农场平均值为2.26，粮食农场的担心程度略高；对采用新技术能力的担忧，粮食平均值为2.37，所有农场平均值为2.23，粮食农场的担心程度略高；对商品价格不确定性的担忧，粮食平均值为2.91，所有农场平均值为3.39，可能原因是粮食价格相对较为稳定；对农作物或牲畜减产的担忧，粮食平均值为2.95，所有农场平均值为3.23，可能原因是粮食生产的风险相对较低、较为稳定。

分具体品种来看（见表8-1），主要粮食作物的生产者往往更关注价格和产量风险，而畜牧业和特色作物种植者则相对来说更关注法律法规的变化。各农场类型按主要农产品分类，包括小麦、玉米、大豆、棉花、水果、蔬菜、牛、猪、禽类和奶类，以及一个综合所有农场的平均值。不同类型的农场对各种经营风险的关注程度有所不同。政府法律法规的变化得到了所有类型农场的高度关注，评分普遍高于其他风险。其中，棉花农场的关注度最高，评分为3.54；所有农场的平均关注度也较高，评分为3.02。对于农作物或牲畜减产，小麦、玉米、棉花和猪类农场对此最为关注，评分较高；蔬菜农场的评分最低，为2.85，显示出这类农场对此类风险的关注度相对较低。对于商品价格的不确定性，猪类农场对此最为敏感，评分为3.31；棉花和小麦农场的评分也非常高，分别为3.75和3.83；水果和蔬菜农场的评分较低，分别为2.88和2.82。对于采用新技术的能力，大部分农场类型对此的关注度评分都在2.3左右。但棉花农场的评分最高，为2.77，可能意味着这类农场在技术更新方面更为谨慎。对于消费者偏好的变化，猪类农场的关注度最高，评分为3.01；大豆农场的评分最低，为2.40。各类农场对诉讼的关注度普遍较低，评分多在 2.2～2.8 之间。

回答调查的小麦、玉米、大豆作物的生产者对产量和价格的波动比其他任何类别都更为关心。部分原因可能是 1996 年美国农业法案大大减少了政府对计划作物（如小麦、玉米、棉花等其他选定的粮食作物）的市场干预，从而增加了生产者对价格风险的警惕性。水果蔬菜、养殖农场主等更关心法律法规的变化，可能反映了他们对政策环境和其他政策变化的担忧。

2. 农场主作物研讨会调查

普渡大学顶级农民作物研讨会（Top Farmer Crop Workshop）分别在 1991 年和 1993 年对参会农场主的风险进行调查。图 8-2 比较了两个时间点农场主对农业经营风险的关注程度。图中条形的长度代表了农场对该风险的平均关注等级，数值越大表示关注程度越高。

具体的风险类型划分为 16 类。以下是各个风险因素在这两个时期的关注度对比。第一，经营者受伤、疾病或死亡，1993 年的关注度为 4.39，1991 年为 4.31，两者相差不大，说明农场一直高度关注这个问题。第二，作物价格波动，1993 年的关注度为 4.16，1991 年为 4.21，略有上升，表明农场对市场价格波动更加警惕。第三，作物产量波动，1993 年的关注度为 4.13，1991 年也为 4.13，保持稳定，显示农场始终重视生产产出。第四，环境法规变化，1993 年的关注度为 4.13，1991 年为 4.05，有所降低。第五，家庭健康问题，1993 年的关注度较高，1991 年未调查。第六，当前投入品成本变化，1993 年的关注度为 3.89，1991 年为 3.74，有所提高，反映了成本控制更加困难。第七，技术变化，1993 年的关注度为 3.54，1991 年为 3.58，基本持平，显示农场对技术风险的态度不变。第八，投入成本变化，1993 年的关注度为 3.66，1991 年为 3.77，有所增加，可能是由于成本上涨的压力。第九，家庭关系变化，1993 年的关注

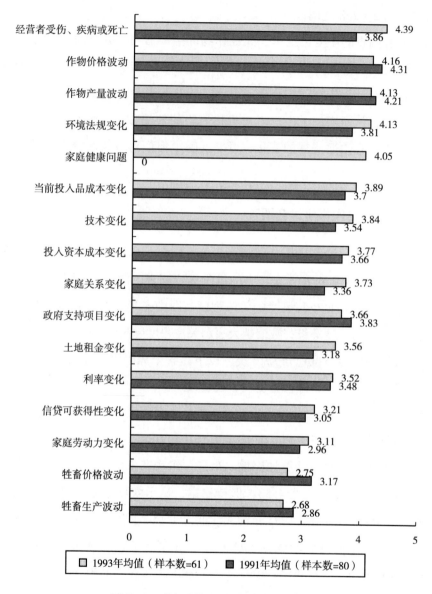

图 8-2　农场主作物研讨会参与者调查

注：1 = 不重要；5 = 非常重要。

度为 3.73，1991 年为 3.66，略微下降，家庭内部关系仍然受到关注。第
十，政府支持项目变化，1993 年的关注度为 3.66，1991 年为 3.83，有所

粮食规模户经营行为调整与风险化解机制研究

162

降低，说明农场更依赖政府的支持。第十一，土地租金变化，1993年的关注度为3.18，1991年为3.56，大幅降低，土地租赁问题变得不那么突出。第十二，利率变化，1993年的关注度为3.52，1991年为3.48，略有上升，说明信贷问题的影响可能增加。第十三，信贷可获得性变化，1993年的关注度为3.05，1991年为3.01，差异微小，农场对贷款获取的担忧未变。第十四，家庭劳动力变化，1993年的关注度为3.11，1991年为2.96，有所提高，家庭成员的工作稳定性受到更多关注。第十五，牲畜价格波动，1993年的关注度为2.75，1991年为3.17，显著下降。第十六，牲畜生产波动，1993年的关注度为2.68，1991年为2.86，也有所下降，可能说明农场对畜牧业市场的敏感度略降。

作物价格和作物产量的变异性评为1991年的首要风险来源，但在1993年将其列为第二位和第三位。对经营者受伤、生病或死亡的担忧在1993年成为最高的风险来源，明显高于1991年。在这段时间内，政府环境法规、土地租金和技术变化的重要性也显著增加。受访者对畜牧业价格或产量变异性没有给予太多重视，这可能反映了这项业务在农场经营中的重要性比较有限。

农场在1991~1993年对某些风险的关注度有所改变，如投入成本、土地租金和牲畜价格波动等变得更加关注，而环境法规变化和家庭健康问题的关注度有所降低。同时，农户对经营者自身安全和作物价格波动的关注度始终保持高位。

受数据资料限制，已有研究主要对20世纪90年代美国农场关注的重点风险开展了较为系统的分析。总体来看，90年代美国农场经营关注的主要特点可以总结如下。第一，对政策变动的关注度高。农场经营者非常关注政府法律法规的变化，因为这些变化可能直接影响到他们的经营方式和收入。第二，产量和价格风险的重视。农场经营者特别关注作物价格的波动和作物产量的不确定性，这些因素直接影响他们的收入和盈利能力。第三，技术变革的适应性。随着新技术的不断涌现，农场经营者需要评估和采纳新技术以保持竞争力。第四，生产成本的控制。投入品成本的变化，如种子、肥料、农药等，受到关注，因为成本控制对农场的经济效益至关重要。第五，土地和资本的成本。土地租金和资本成本的变化也是农场经营者关注的重点，尤其是在土地资源有限或资本成本上升的情况下，这些变化带来的影响更为显著。第六，法律风险的意识。诉讼和合同纠纷可能给农场带来额外的经济负担和运营不确定性。第七，家庭和劳动力因素。家庭健康问题和家庭劳动力的变化对农场经营者来说同样重要，因为它们可能影响农场的劳动力供应和运营稳定性。第八，市场和消费者偏好的敏感性，消费者对农产品的偏好变化可能会影响特定产品的市场需求。第九，环境法规的关注，环境法规的变化可能会对农场的运营方式和成本产生影响。

从风险策略上来看，农场经营者越来越重视风险管理，他们采取多种策略来减轻潜在风险的影响。农场对农业支持政策有依赖，政府支持项目的变化对农场经营者有重要影响，尤其是在减少政府干预的农业政策环境下。同时也高度关注信贷和金融市场，利率变化和信贷可获得性对需要融资的农场经营者至关重要。因此，农场经营者需要不断调整经营行为以适应不断变化的市场和政策环境。

二、 农场的风险管理方式

在实际生产过程中，农场风险管理策略非常多样。根据风险分担情况，可以把农场面临的风险大致分为两大类：农场内部型应对策略（on - farm strategies）和风险分担型应对策略（strategies shared with others）（Hardaker et al.，2015）（见图 8 - 3）。

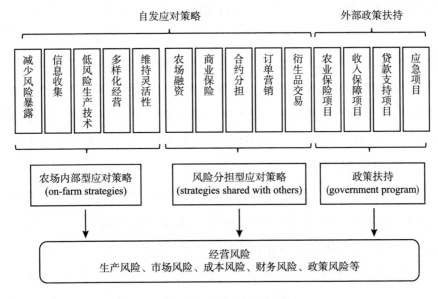

图 8-3　农场风险化解手段

（一）农场内部型应对策略

1. 规避或减少风险暴露（avoiding or reducing exposure to risks）

应对风险的首要做法是防范风险，规避或减少风险暴露。风险管理策略的有效性取决于能否识别和规划主要风险。然而，面对不可预测的灾难，最好的策略是尽可能减轻其不利影响。在不确定性条件下，可以采用预防原则，即在面对可能造成严重或不可逆转损害的风险时，不应以科学不确定性为由推迟采取成本效益高的预防措施。

农场的具体做法可以分为风险规避（risk avoidance）和风险减缓（risk abatement）。风险规避是指通过减少或消除不利事件发生的可能性来管理风险。这可以通过预见性和预防措施来实现。例如，农场上的许多事故，特别是车辆事故（如拖拉机和四轮摩托车事故），可以通过采取安全措施来避免。农场人员的心理健康问题也需要关注，尤其是在偏远农村地区，支持网络较弱的情况下，家庭和朋友应当提供更多的心理支持。此外，良好的预防性维护措施也能帮助避免农场生产中的风险，如通过定期驱虫来控制寄生虫病，定期检修农机以减少故障风险。风险减缓是指在风险事件发生时采取措施来处理不良后果，并管理随后的恢复过程。对于可预见的风险，制订应急计划并具备实施手段是非常重要的。例如，在农场建筑发生火灾时，应有应对方案，包括呼叫救援、疏散人员和灭火。风险减缓在农业领域通常与良好的动物和作物管理密切相关，及时发现并处理问题可以减少经济损失。在农工商企业中，风险减缓通常与质量控制密切相关，确保食品安全是重中之重。

具体操作过程中，要注意以下几点。第一，预防优于治疗，在面对可预见的风险时，采取预防措施通常比事后补救更为有效。预防措施可以包括定期检查、培训员工安全意识、维护设备等。第二，心理健康的重要性。农场主及其家人需要意识到心理健康的重要性，并在必要时寻求专业帮助。第三，应急准备与质量控制。对于可能发生的风险，建立应急准备机制能够减轻风险带来的冲击。质量控制不仅有助于维持产品质量，还能保障消费者的安全。第四，谨慎决策，在信息不足但存在严重后果可能性的情况下，采用谨慎原则是有道理的。这包括推迟决策直到获得更多数据、设立严格的安全标准、采取保守行动等。第五，平衡风险与收益，极端的谨慎只有在面临重大且难以量化的负面结果风险时才适用。许多农场风险相对较小，因此不需要过于保守的措施。相反，在可能带来灾难性后果的情况下，如环境破坏，采取预防性措施则是必要的。

2. 信息收集（collecting information）

在充满风险的环境中，收集信息对于农场管理至关重要。一个农场主若要作出更好的决策，获取更多和更相关的信息是关键。信息收集有助于减少不利风险，因为所有概率都是主观的，信息的积累可以减少这种主观分布的不确定性。这包括了解农场内部和外部的情况，比如更高效的技术选择、市场机会和趋势等。

信息收集对农场主的认知主观分布产生两种影响。一是减少分布的分散度。随着知识的积累，分布的分散度通常会缩小。一个对新技术一无所知的农民，可能会认为该技术的收益分布具有无限大的分散度。一旦农民积累了一些关于该技术的信息，比如通过观察邻居农场中的应用或是通过媒体了解到该技术试验的结果，那么这个分布就会被修正，变得更加紧凑。如果农民进一步尝试在自己的农场上小规模应用这项技术，那么主观分布的方差将进一步降低。二是改变分布的位置。信息收集会改变对主观均值，即根据累积的信息校正过度乐观或悲观的看法。假设一个农民最初对新技术持悲观态度，可能是因为过去相信科学家、农场顾问或营销人员的乐观说法而导致种植和养殖亏损的经历。但是，如果农民愿意花费时间去了解更多，甚至在小范围内尝试这项技术，最初的怀疑态度可能会发生变化，进而可能调整农民对结果的预期。

信息收集是一个动态过程，随着新信息的获得，农民可以不断更新他们对风险和机会的看法。这种持续的学习过程对于优化决策和提高农场管理的效率至关重要。通过系统地收集和分析信息，农民能够更有信心地面对风险，作出更明智的决策。

3. 选择低风险的生产技术（selecting less risky technologies）

在农业生产活动中，一些活动相较于其他活动能提供更高且更稳定的回报。选择这类生产活动，将会降低农场经营风险。通常可以分为三种类型。

第一，选择更稳定的生产模式。集约化的畜禽养殖通常比放牧更稳定，因为后者容易受到天气变化的影响，而前者通常处于更可控的环境之中。在条件允许的情况下，采用集约化养殖可以提供更高的产量稳定性。类似地，某些农产品的价格可能受到政府支持，从而基本维持稳定。而一些其他农产品的价格则由世界市场决定，波动较为明显。风险厌恶型的农民在决定生产时，显然会考虑这些因素。第二，采用风险较低的技术。在降雨量波动较大的地区，投资灌溉设施可以提高作物或牧草产量的可靠性。通过选择这种生产方式，即使遭遇干旱，农民依然能够维持一定的产量水平。投资于控制或预防病虫害的措施可以减少严重损失的风险。通过定期喷洒农药或采取生物防治措施，可以有效防止作物受到病虫害的侵袭。第三，整体规划与风险管理。可以采取全农场规划，考虑风险的整体农场规划方法有助于决策分析，帮助农民决定生产什么以及如何生产。通过综合考虑各种风险因素，农民可以制订出更加合理的生产计划。当然除了系统科学的规划以外，基于经验的、非正式的规划方法，虽然不如复杂的全农场规划那么详尽，但在实际操作中更加便捷易行。通过上述措施，农民可以在面对不确定性和风险时，采取更为稳健的策略，选择那些既能提供稳定回报又能在一定程度上抵御外界波动的技术和生产方式。这不仅能帮助农民在短期内应对市场波动，也能为其长期的发展奠定坚实的基础。

4. 多样化经营（diversification）

农业多样化是一种风险管理策略，旨在通过选择不同活动来减少整体风险。这种策略的目的是通过组合具有低或负相关性的活动来降低风险，而不是仅仅追求风险最小化。一般来说，随着农民对风险的厌恶程度增加，他们将会更多地实行多元化经营。但是，如果多元化意味着放弃专业化所带来的优势，比如掌握更先进的技术和更专注于某一特定市场的特殊需求，那么这种多元化可能会变得越来越昂贵。

不同活动之间的收益通常是高度正相关的，这限制了农场内部多元化所能带来的收益。更好地分散风险的机会可能有两个方面。第一，空间上的多元化，即在多个地理位置足够分散的地方拥有农场，以减少因天气效应导致的正相关性。这种形式的多元化只适用于较大的农业企业。第二，投资非农活动。在发展中国家，农户家庭经常多元化其收入来源，从事非农工作。通过农业和非农业两条腿走路，来增加收入来源，实现收入的多样化。

通过上述措施，农户不仅可以在面对不确定性和风险时采取更为稳健的策略，还可以通过其多样化的经济活动来增强整体财务的稳定性。多元化不仅可以帮助农户在短期内应对市场波动，还能为其长期的发展奠定坚实的基础。

5. 维持灵活性（flexibility）

在农业风险管理中，灵活性是一个关键概念，指的是农业企业在面对变化时调整的容易程度和经济性。一个灵活的策略能够保持或增加选择权，从而帮助农民更好地应对风险。

提高灵活性的措施包括资产灵活性、产品灵活性、市场灵活性、成本灵活性和时间灵活性。资产灵活性涉及投资于具有多种用途的资产。例如，在建造农场建筑时，稍微调整设计，以便在需要时能够以较低成本改为其他用途。产品灵活性是指企业生产的产品具有多种最终用途，或者企业产出多种产品。市场灵活性允许产品在不同市场中销售，这些市场可能不会受到相同的风险影响。例如，出口市场可能比国内市场更易受波动影响。成本灵活性的目标是在保持固定成本低廉的同时，根据需要承担更高的可变成本。例如，土地或机械可以租赁而非购买，劳动力可以按合同或临时工的方式雇佣而非长期工。通过这样的操作，农场固定成本被保持在最低水平，为资源使用水平的变化或其他类型的生产提供了更大的空间。时间灵活性涉及农场运营调整的速度。生产周期短的活动显然比生产周期长的活动更灵活。例如，多年生作物可能需要几十年的生产周期，而短期季节性作物可能在大约 6 个月内完成种植、生长、收获和销售。

灵活性是农业风险管理中一个复杂而多维的概念，它要求农民在战略规划中考虑各种可能的变化，并在必要时迅速调整策略。通过提高灵活性，农民可以更好地应对市场的不确定性，利用新出现的机会，并在必要时减轻不利事件的影响。

（二）风险分担型应对策略

1. 农场融资（farm financing）

农场融资是美国农场管理中一个关键的组成部分，直接影响农场主面临的风险水平。融资涉及财务杠杆的概念，财务杠杆指的是使用信贷和其他固定义务融资与使用股本资本的比例。财务杠杆的增加会放大农场回报率波动对农场主的影响。如果农场的总资产回报率高于借款利率，农场主的股本回报率会提高；反之，如果总资产回报率低于借款利率，农场主可能会遭受损失，甚至出现负回报。在理想情况下，没有债务的农场（即债务对股本比率为零）的总资本回报率与股本回报率相同。但是，当债务对股本比率增加时，农场主面临的风险也随之增加。

农场的最佳财务结构取决于农场主的风险偏好。在了解农场主对未来收入水平的信念和市场利率信息后，可以确定在任何给定利率下的最佳债务水平。如果借款利率本身不确定，这也应纳入分析范围。虽然有一些复杂的分析方法可以用来解决这个问题，但通过随机模拟和试错法也可以相对容易地找到解决方案。同时，也要注意农场债务的动态变化。在连续几年收入不佳的情况下，农场主可能会达到银行设定的借款上限，

粮食规模户经营行为调整与风险化解机制研究

或者积累无法偿还的债务。因此，保留一定的信贷空间以备不时之需是明智的，尽管这会带来机会成本。目前，美国现代商业农场的财务管理比简单的财务杠杆分析要复杂得多。农民现在可以使用各种金融工具，如固定或灵活利率贷款、具有不同还款条件的贷款、金融和商品衍生品，甚至可以通过投资信托将部分股权出售给外部投资者。但相对应的融资决策分析也会更为复杂。

2. 保险（insurance）

农民可以利用多种保险合同来转移风险，包括但不限于资产火灾和盗窃保险、业主死亡和伤残保险、工人伤害和公共责任保险，以及种畜死亡和不孕保险。农作物可以商业性地投保火灾和风暴损害，但全面的农作物保险大多通过政府补贴计划提供。此外，保险公司也提供各种储蓄合同，如退休金计划等，尽管它们被称为保险，但实际上并不属于传统意义上的保险范畴。

实际的保险决策可能比简单的例子要复杂得多。例如，家庭农场面临的主要威胁之一是主要合伙人之一的死亡或严重残疾。虽然这是一种可保险的风险，但在购买保险时很难确定保险事件的价值。此外，一些保单可能包括免赔额，即投保人同意在保险事件发生时自行承担的部分损失。接受带有免赔额的保单是一种仅对大风险进行保险的合理方式。商业保险通常只对风险厌恶者有吸引力，尤其是对于那些足以威胁农场业务存续或严重影响所有者福利的重大风险。对于大多数农民来说，为小额、易于承受的风险投保并不值得，但为可能威胁农场生存的大额风险投保可能是值得的。一些基于地区的指数保险合同已被开发出来，允许农民针对低作物产量进行保险。在这种合同下，赔偿是根据农场所在地区的平均产量计算的，而不是实际的农场产量。还有一些产品基于天气指数，如附近官方气象站记录的特定时期的降水量。对于考虑购买此类指数保险的农民来说，关键问题是农场风险与赔偿支付所基于的指数之间的相关度。除非相关度高，否则这种保险可能不值得购买。

选择保险时，农户需要考虑的是保险赔付与农场实际风险的相关性。如果赔付机制与农场风险高度相关，则保险的价值就会更大。为了更好地评估保险的价值，农户可以通过全农场投资组合选择的方式来综合考量保险对整个农场运营的影响。

3. 合约分担（share contracts）

分享合约是指农场与他人（如地主、劳工等）之间的一种协议。这种协议可以使双方共同分担由低产量、低价销售或意外高投入成本引起的风险。特别是那些难以预测的风险，如恶劣天气导致的低产量、市场价格波动引起的收入下降，或者是投入成本突然升高。这些合约通过将风险在双方之间分配，可以减轻单方因不可抗力因素造成的经济损失。农作物或牲畜分享租赁、劳动分享租赁和可变现金分享租赁都是分享合约的例子。通过规定分享合约的具体条款，可以在承租人（佃户）和出租人（地主）之间进行激励和责任的权衡，同时考虑他们在承担风险能力上的差异。

具体类型包括：农作物或牲畜分享租赁，农民与地主或其他合作伙伴按照事先约定的比例分享最终的农作物或牲畜产出；劳动分享租赁，农民与劳工或其他参与者根据劳动贡献来分配收益，这种方式能够鼓励劳工的积极性，同时也为农场主提供了劳动力管理的灵活性；可变现金分享租赁，通常涉及根据实际收成或市场表现来调整租金或分成比例，以适应市场的波动和生产条件的变化。

通过分享合约，可以根据双方承担风险的能力来调整各自的责任和激励机制。例如，如果一方在财务上更为稳健，能够更好地吸收短期的经济冲击，那么合约可以设计成让这一方承担更多的风险。相反，如果某一方的风险承受能力较弱，则可以通过合约的设计来减轻这一方的压力。分享合约作为一种风险管理工具，能够帮助农民及相关利益方在面对不确定性和市场波动时，通过合理分担风险来保护各自的经济利益。

4. 合同交易（contract marketing）

在发达国家中，农民可以利用多种营销安排来减少尚未生产的商品或未来所需投入品的价格风险以及其他类型的风险。从风险管理角度来看，其中最为重要的选择包括通过合作社进行营销和价格汇集，以及商品销售或投入品交付的远期合同。

价格汇集是一种常见的风险缓解措施，它通过一群农民集体购买投入品或通过合作社、营销委员会来销售他们的产出。加入这样的集体可以是自愿的，也可以是强制性的。价格汇集的目的是通过某种形式的价格平均化来保护个体不受短期市场价格波动的影响。理论上，这种安排还可以通过增强市场力量和规模经济效应来降低投入成本或提高产品售价。然而，即便这些好处存在，它们也会被管理成本部分抵消。

相比之下，远期合同作为一种风险减少工具，被农民更广泛地采用。远期合同是指农民与买家在作物种植之初或生长季的后期签订的一种协议，双方就价格或定价基础达成一致。这些合同还可能规定农产品的质量和数量要求。合同中提供的价格可能低于未来的预期价格，这是因为商人承担了在合同签署日至交货日间市场价格下跌的风险，而寻求风险规避的农民则可能愿意接受较低的价格以确保销售的稳定性。值得注意的是，如果农民签订了交付特定数量商品的合同，无论产量如何，都将面临额外的风险。如果实际产量低于合同约定的数量，农民可能需要在市场上购买以履行合同义务，或者面临违约处罚。此外，如果合同作物的产量低于预期，这可能也会影响其他作物的收成，从而使整体农场收入在表现不佳的年份更加恶化。因此，合同营销虽然可以帮助减轻某些风险，但也需要谨慎评估潜在的不利影响。

5. 衍生品交易（trading in commodity derivatives）

衍生品交易是一种用于减少未来投入品和产出品价格风险的重要策略。其中，最为人熟知的应用包括在商品期货市场上进行套期保值和期权交易。

期货市场的套期保值类似远期销售合同，但有着关键的不同之处。期货合约是标准化且广泛交易的合约，这意味着其价格更具竞争力，因此农民通过期货市场进行套期保值可能会比通过传统销售合同获得更好的交易条件。期货合约的基本运作原理是卖方承诺在特定日期以约定价格交付一定数量的商品，而买方则同意接收这些商品。在实践中，商品实际交割的情况并不常见。农民可以通过卖出期货合约来对冲未来的价格风险，然后在实际商品出售后，通过买入期货合约来平仓，从而取消交付义务。

另一种风险管理工具是期权交易。期权是一种合约，赋予买方在特定日期之前或特定日期购买或出售特定商品的权利。期权交易为投资者提供了对冲和投机两个主要功能。如果市场价格上涨，农民可以选择不行使期权，以更高的现货价格出售羊毛；如果市场价格下跌，农民可以行使期权，以约定的价格出售期货合约，然后平仓，从而获得净回报。期权交易的优势在于其灵活性，使交易者能够应对各种市场状况。看跌期权在预期价格下跌时特别有用，相当于为价格下跌买了保险；而看涨期权则在预期价格上涨时提供保障，为防止价格上涨投保。尽管期权和期货市场为风险规避型农民提供了工具，但由于市场知识的缺乏以及某些国家农业政策稳定了价格，实际使用这些工具的农民并不多。

衍生品作为风险管理工具虽有其局限性，比如基差的不确定性以及实际产量可能与期货合约数量不符等问题，但它们仍然是减少价格风险的有效手段。对于农民而言，结合各种风险管理工具，如远期合同、期权交易和期货市场上的套期保值，以及作物收入保险等，可以更全面地管理农场运营中的风险。

三、 政府提供的应对策略

除了自发采取的应对策略以外，政府支持政策也是重要的风险应对手段（FAO，2008；Harwood et al.，1999）。国外政府为了稳定农业生产、维持一定数量的农业生产者，同样也采取了大量农业支持政策。以美国为例，通过出台各类农业保险（Federal Crop Insurance，Disaster Payments，Supplemental Coverage Option，Noninsured Assistance Program）、各类收入保障计划（Stacked Income Protection Plan，Price Loss Coverage Program，Agricultural Risk Coverage Program）、贷款支持项目（Emergency Loans，Marketing Assistance Loans）、应急援助措施（Emergency Feed Assistance Programs）等构筑农业安全网（USDA，2018）。

以作物支持政策为例，按照支持领域的不同可以分为4类9种（见图8-4），分别是价格保护政策、产量保护/物理损失补偿政策、收入保护政策、其他保护政策。

（一）价格保护政策

价格保护政策主要包括价格损失覆盖（price loss coverage）、营销援助贷款（marketing assistance loans）或贷款差额补贴（loan deficiency payments）。

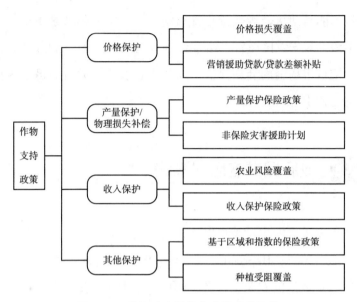

图 8-4　美国政府的作物支持政策概览

1. 价格损失覆盖（price loss coverage）

该政策是当市场价格跌破参考价格时，政府根据历史种植面积基期为特定农产品提供的收入支持支付政策。具体的农产品品类包括小麦、饲料粮、大米、油籽、花生和豆类。该政策在 2014 年农业法案中引入，并在 2018 年农业法案中继续实施。2018 年还把籽棉也纳入价格损失覆盖政策中。支付额度（payment rate）是参考价格与年度全国平均市场价格之间的差额。如果全国平均市场价格更高，则以营销援助贷款利率作为估算基准，把参考价格与营销援助贷款利率的差额作为支付额度。2018年农业法案引入了"有效参考价格"的概念。如果前五年市场价格的奥林匹克均值①的 85% 高于法定价格，则法定参考价格可以上浮最多 15%，

---

①　奥林匹克均值是指在计算平均值时排除了最高值和最低值。尽管这是一个普遍使用的统计学术语，但在某些应用领域，特别是涉及长期数据分析时，这样的方法普遍被用来减少异常值对整体趋势的影响。

这一新的价格即为"有效参考价格"。付款金额是支付额度乘以受保护商品的历史基期面积，面积上限为该商品基期数量的85%，然后再乘以支付单产。

2. 营销援助贷款（marketing assistance loans）

该政策允许农民为他们收获的农产品在公布的县级贷款利率下获得短期（通常最长9个月）低息贷款。如果公布的县级市场价格跌破贷款利率，农民可以选择以更低的利率偿还贷款，并且利息将被免除。如果农民选择不偿还贷款，他们可以选择放弃他们的农产品作为贷款的全部偿还。选择不贷款的农民可以通过收集直接贷款差额支付（loan deficiency payment，LDP）来获得相同的支持，这相当于他们收获的农产品的贷款利率和市场价格之间的差额。市场援助贷款为农民提供了一种短期融资方式，以便在市场价格低迷时减轻他们的财务压力。农民可以选择偿还贷款，如果市场价格下跌，可以选择放弃农产品来偿还贷款，或者不贷款而直接获得贷款不足支付。这些都是为了帮助农民在市场不稳定时维持收入。

3. 贷款差额补贴（loan deficiency payments）

该政策是替代营销援助贷款的直接支付手段。当商品信贷公司根据当地的市场价格确定一个价格之后，如果该价格低于当地的贷款利率，则进行直接支付。支付额度是两个贷款率的差额乘以有资格的那部分数量。对于有贷款不足支付的那部分农产品来说，生产者必须有商品的收益权。

（二）产量保护政策

1. 产量保护保险政策（yield protection insurance policies）

产量保护保险是美国联邦作物保险中的一种。产量保护保险旨在保护农民免受因自然灾害或其他不可控因素导致作物产量下降的风险的保险产品。这种类型的保险通常是由联邦农作物保险公司支持的，并由私营保险公司出售和管理。当投保了产量保险之后，如果在保险期间内，由于保险合同中列明的原因（如干旱、洪水、病虫害等），农民的实际产量低于合同中约定的预期产量水平时，保险公司将根据合同条款向农民支付赔偿金。产量保险的预期产量（expected yield）通常是基于农民过去几年的平均产量来确定的，历史年份最多为十年。产量保护计划的保单包括实际生产历史（APH）、生产收入历史—产量（PRH－Y）和产量保护（YP）。

产量保护保险的运行分为以下步骤。第一，保单设计。农民可以根据自己种植的作物种类选择合适的产量保险保单。这些保单通常由私营保险公司提供，但受到联邦农作物保险公司（FCIC）的支持和监管。第二，历史产量记录。在签订保单时，会基于农民过去几年的平均产量来确定一个"约定产量"或"保障产量"。这个历史产量通常是经过调整后的，以便更公平地反映农民的真实生产能力。第三，保障水平选择。农民可以选择一个保障水平，通常是历史产量的某个百分比，大致为50%～85%，以5%的增量依次递增。第四，保险赔偿。如果在保险期间内，由于保险合同中列明的风险，农民的实际产量低于约定产量，那么保险公司将会根据合同条款计算并支付赔偿金。赔偿金额通常是基于实际产量与约定产量之间的差额，以及一个约定的价格来确定的。第五，保费支付。农民需要支付保费以获得保险覆盖。保费的多少取决于多个因素，包括所选的保障水平、作物种类、种植面积以及风险评估等。第六，政府支持。为了鼓励农民购买作物保险，美国政府通过补贴保费的方式降低了农民的负担，并为保险公司提供再保险支持。

在联邦作物保险计划（FCIP）中，产量保险是最基本的保险形式之一，最初占据了联邦作物保险责任的主要部分，但近年来，随着市场和技术的发展，收入保险等其他形式的保险产品占比提高。但产量保险仍然是农业风险管理的重要组成部分，尤其对市场价格相对稳定的产品或更关注产量而非价格波动的农民至关重要。

2. 非保险灾害援助计划（noninsured crop disaster assistance program）

该政策旨在为那些没有保险或者没有资格参加联邦作物保险项目的作物提供灾害援助。一些作物可能由于种植面积较小、市场需求有限或者是因为其他技术上的限制等原因没有被纳入联邦作物保险计划。该保险是为了填补联邦作物保险计划之外的空白而设立的，为无法通过常规途径获得保险的种植者提供了一种额外的保护层。当自然灾害导致产量低下、库存损失或因灾害而无法种植时，该政策会提供赔偿。

该政策申请者可能是土地所有者、佃农或参与风险分担的共享耕作者，他们必须拥有该作物的所有权份额，并且平均调整后的总收入不能超过 90 万美元。符合条件的作物必须是商业化生产的农产品，且在相应县份没有可用的作物保险。如果损失超过预期产量的 50%、平均市场价格的 55%，政策提供保险水平相当于灾害保险的保护水平。此外，也还提供额外的保障水平，覆盖范围在 50% ~ 65% 的产量、以 5% 的增量递增，以及 100% 的平均市场价格。近年来，美国农业部还简化了非保险作物的申请流程。从 2022 年作物年开始，拥有社会弱势、有限资源、退伍军人等的农场主，其所有符合条件的作物都可以获得基本的非保险灾害援助计划。这些生产者如果选择更高级别的保护计划，在每个作物的申请截止日期之前，还有资格获得 50% 的保险费减免。

（三）收入保护政策

1. 农业风险覆盖（agricultural risk coverage）

该政策于 2014 年农业法案颁布时出台，并在 2018 年农场法案延续。

具体是为具有历史基准面积的小麦、饲料谷物、大米、油料种子、花生和豆类作物的生产者提供收入支持。2018 年两党预算法案还增加了未加工棉花（籽棉）作为符合条件的作物。支付启动的标准基于县级作物收入，通过平均县级产量乘以全国农场价格或有效参考价格中的高者计算得到。当县级作物收入低于基准收入的 86% 时，该计划即启动。生产者也可以选择根据个体农场收入而不是县级收入参与农业风险覆盖。在这种情况下，付款基于个体基准收入与实际个体收入之间的差异。基准收入的计算方法是，将个人在其拥有经济利益的所有参加了个体农业风险覆盖的农场上每个覆盖商品的平均收入相加，然后除以所有这些农场上种植的所有覆盖商品的平均面积。付款限额为农场历史基准面积的 60%。

2. 收入保护保险政策（revenue protection insurance policies）

该保险是联邦作物保险中的又一重要分类，是一种专门设计用来保护农民免受因市场价格波动或产量下降而导致的总收入减少的保险产品。与单纯的产量保险不同，收入保险不仅考虑了作物的产量，还考虑了作物的市场价格，从而为农民提供了更全面的风险管理工具。在收入保险计划下，农民可以选择投保一定水平的预期收入。这个预期收入通常是基于历史产量和当前或历史市场价格来计算的。如果在保险期间结束时，农民的实际收入低于所投保的预期收入水平，那么保险公司将根据合同规定支付赔偿金。被分类为收入保护的保单包括调整后的总收入（AGR）、调整后的总收入—简易版（AGR-L）、实际收入历史（ARH）、生产收入历史—附加版（PRH-P）、生产收入历史—收入版（PRH-R）、山核桃收入（PRV）、收入保护（RP）、带收获价格排除的收入保护（RPHPE）以及全农场收入保护（WFRP）。

收入保险的工作流程一般有三个阶段。第一，确定保障水平。农民可以在投保时选择一个保障水平，通常是基于他们过去几年的平均产量以及当前市场价格的一个百分比。第二，市场价格考量。除了产量之外，收入保险还会考虑市场价格。这意味着即使产量没有显著下降，但如果市场价格下跌导致农民的总收入减少，农民仍然可以获得赔偿。第三，理赔计算。如果在保险期间内，由于市场价格下跌或产量减少，或者两者兼而有之，导致农民的实际收入低于所投保的预期收入水平，那么保险公司将按照合同条款计算并支付赔偿金。

收入保险的适用人群是担心市场价格波动会影响其总体收入的农民。它也为农民提供了一个对冲工具，可以在市场价格下跌的时候减轻经济损失的影响。自从 20 世纪 90 年代中期以来，在美国，收入保险已经成为联邦作物保险计划中最受欢迎的选项之一，反映了农民对更全面风险管理的需求。

（四）其他保护政策

1. 基于区域和指数的保险政策（area and index based insurance policies）

在美国联邦作物保险计划中，基于面积和指数的保险政策是一种特定类型的农业保险产品，旨在为农业生产者提供风险管理工具。这类保险的特点在于它们的赔付触发条件是基于某一特定地理区域内的整体表现（面积基础）或是与农业产出紧密相关的指数（指数基础）。

基于区域的保险（area–based insurance），通常是以一个特定地理区域内的平均产量或收入为基础来确定是否发生赔付。当该区域内的平均产量或收入低于某个预定水平时，保险就会触发赔付。这种方式简化了理赔过程，因为不需要单独评估每个农场的具体损失。基于指数的保险（index–based insurance）是根据特定指标的变化来决定是否赔付。这些指标可以是天气条件（如降雨量、温度）、市场价格或是其他能够客观测量并且与农业生产直接相关的因素。当这些指数达到或低于预先设定的阈值时，保险就会自动赔付。

基于区域的保单包括：地区收入保护（ARP）、带收获价格排除的地区收入保护（ARPHPE）、地区产量保护（AYP）、增强覆盖选项—收入保护（ECO – RP）、增强覆盖选项—带收获价格排除的收入保护（ECO – RPHPE）、增强覆盖选项—产量保护（ECO – YP）、飓风保险保护—风力指数（HIP – WI）、边际保护（MP）、带收获价格选项的边际保护（MP – HPO）、补充覆盖选项—收入保护（SCO – RP）、补充覆盖选项—带收获价格排除的收入保护（SCO – RPHPE）、补充覆盖选项—产量保护（SCO – YP）、累积收入保护计划—收入保护（STAX – RP）、累积收入保护计划—带收获价格排除的收入保护（STAX – RPHPE）以及植被指数（VI）。基于指数的保单包括降雨指数（RI）。

这类保险特别适用于那些风险高度相关的地区，比如在某一地理区域内普遍受到同样天气条件影响的地方。它们也适用于那些难以准确评估每块土地具体损失情况的情况。相比个人保险，基于区域和指数的保险通常不需要详细评估每个个体农场的实际损失情况，从而简化了理赔过程。赔付是基于客观的指数或区域平均数据，而不是个体报告的损失，因此有助于减少欺诈行为。相比传统的一对一评估损失的保险模式，基于区域和指数的保险在运营成本上往往更加经济。通过提供这种类型的保险，美国政府旨在帮助农业生产者更好地管理与天气条件、市场价格波动等相关风险，从而增强农业部门的稳定性和可持续性。尽管基于区域和指数的计划越来越受欢迎，但与个人保单相比，它们仍然只占总保险责任的一小部分，截至 2022 年占比约为 17%。

2. 种植受阻覆盖（prevented planting coverage）

在某些情况下，作物尚未种植就已经产生了财务负担。这种情况主要发生在生产者为了准备种植而提前进行了财务投资，但由于不利的天气条件，无法按时或根本无法种植。在这种情况下，种植受阻覆盖成为一项有价值的风险管理工具。除非特定的保险条款不包括未能及时种植的覆盖，否则如果生产者在县内规定的最终种植日期之前无法种植受保作物，就有资格获得未能及时种植的支付。

如果生产者确实有资格享受种植受阻覆盖政策，那么生产者必须在几种选项中作出决定，以继续该季节的操作。一种选择是生产者可以选择放弃种植受保作物，让无法种植的土地闲置，并获得全额的种植受阻覆盖。未能及时种植的支付将是生产者的基础作物保险政策保证与一个调整因子的乘积，该调整因子根据作物预估的种植前成本而有所不同。如果生产者选择增加5%的选择项，则可以在常规调整因子的基础上额外获得5%的支付。另一种选择是放弃任何未能及时种植的支付，并在最终种植日期后的25天内种植受保作物。这样做会在作物最终种植之前的每一天减少1%的作物保险保护保证，直到种植完成为止。种植也可以在晚种植期之后进行。然而，作物保险保护保证将进一步减少到未能及时种植的覆盖水平。

四、 农场选择的风险管理策略

20世纪90年代，美国农业部农业资源管理调查对农场风险管理策略的研究比较全面。研究中把自发风险管理措施分为前期合同（forward contracting）、持有现金（cash on hand）、多样化（diversifying）、期货对冲（hedge in futures）。

从全美农场的情况来看，首先最重要的措施是持有现金，其采纳比率接近80%，是其他措施的两倍多。其次采取的措施分别是多样化、前期合同，占比30%~40%。最后才是期货对冲，采纳占比不足20%。无论规模大小、专业程度、地区差异，持有现金是农场应对风险的首要策略。具体来看，对年销售额低于50000美元的小型农场，可能更倾向于使用持有现金和多样化策略，因为这些策略需要的初始投资较少。销售额在50000~499999美元之间的中型农场，可能更平衡地采用各种策略，包括前期合同和期货对冲。销售额超过500000美元的大型农场，可能更倾向于使用期货对冲等更复杂的风险管理工具，因为它们有更多资源来管理和对冲价格波动的风险。

如果把政府支持考虑在内，分析更为全面的风险管理措施采纳情况（见图8-5），可以看出，美国农场往往采取多样化的风险管理措施。其中，最重要的是政府农业项目，其次是多样化经营。

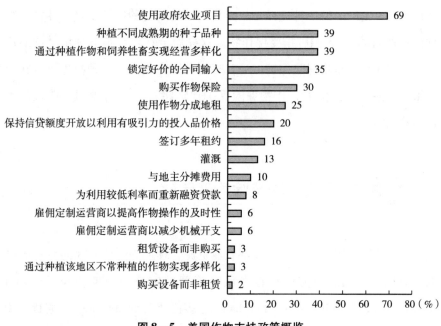

图8-5 美国作物支持政策概览

具体来看，高达69%的受访者采用了政府农业项目作为风险管理策略。有39%的受访者通过种植不同成熟期的种子品种来管理风险。39%

的受访者采取了作物和牲畜多样化的经营策略。35%的受访者通过合同输入锁定了良好的价格。30%的受访者购买了作物保险以管理风险。25%的受访者采用了作物分成地租的方式。20%的受访者保持信贷额度开放以便在投入品价格有吸引力时进行购买。16%的受访者选择了签订多年租约的策略。13%的受访者采用了灌溉措施。10%的受访者与地主分摊费用。8%的受访者为了利用较低的利率重新融资了贷款。6%的受访者雇佣了定制运营商以提高作物操作的及时性，5%的受访者雇佣定制运营商以减少机械开支。3%的受访者选择了租赁设备而不是购买。3%的受访者通过种植不常在该地区种植的作物来实现多样化。2%的受访者选择了购买设备而不是租赁。

可以看出，使用政府农业项目、种植不同成熟期的种子品种，以及通过种植作物和饲养牲畜实现经营多样化是最常见的风险管理策略。而购买设备而非租赁（2%）和租赁设备而非购买（3%）则是使用最少的策略。这可能表明农民更倾向于通过多样化和利用现有资源来管理风险，而不是通过购买新设备。此外，作物保险作为一种风险管理工具，也有相当一部分受访者（30%）采用，这强调了保险在农业风险管理中的重要性。

五、 总结及对中国的启示

美国的农场风险管理经验非常成熟，涵盖价格、产量、收入等多个层面的保护机制。通过完善的风险管理体系，美国农民可以在面临自然灾害、市场价格波动等风险时，有效减少损失，保障农业生产的可持续性。这些经验为中国农业的风险管理提供了诸多启发，尤其在中国正加速推进农业现代化的背景下，具有重要的借鉴意义。以下是对美国农场风险管理特点的分析及其对中国的启示。

（一） 美国农场风险管理经验的特点

第一，多层次的风险保护体系。美国的农场风险管理体系涵盖了多层次的保护手段，包括价格保护、产量保护、收入保护等。具体而言，农场主可以通过价格损失补偿、产量保险、农业风险保险等方式，防范由于市场价格波动、自然灾害和收入不确定性带来的风险。除此以外，还包括基于地区或指数的保险、种植受阻覆盖等各种类型的支持项目和保险项目。这些措施形成了一个综合性的风险管理网络，有效帮助农民应对农业生产中的多种不确定性。

第二，政策性保险与商业性保险的结合。美国的农场风险管理体系中，政策性保险与商业性保险结合紧密。政策性保险提供基本保障，覆盖范围广，保险费用部分由政府补贴。而商业性保险则提供更多定制化的保险选项，农民可以根据自身的需求选择相应的保险方案。这种双重保障体系既确保了农民的基本收益，又为他们提供了更多选择空间。

第三，政府与市场的协同作用。美国的农场风险管理系统依托于政府和市场的协同运作。政府为政策性保险提供资金支持，同时制定法规确保市场规范运作。农场主则可以通过市场选择适合自身情况的商业保险和金融工具。通过这种协作机制，政府能够有效调节市场运作，确保农业风险管理体系的稳定性和持续性。

第四，长期性与可持续性。美国的农业风险管理不仅着眼于短期风险，更考虑长期可持续性。通过农业风险覆盖和收入保护计划，确保农民在不同年份的收入水平保持稳定，避免了因为短期价格波动带来的巨大收入波动。这种机制有助于保障农民的长期收益，促进农业的可持续发展。

（二）对中国的启示

美国的农场风险管理经验为中国提供了宝贵的启示。通过借鉴美国经验，中国能够有效提升农业的抗风险能力，确保粮食安全，实现农业的可持续发展。同时，中国的农业发展模式应当充分结合本土实际，因地制宜，逐步引入和推广适合中国国情的风险管理工具。通过吸取美国经验并进行创新和本土化，中国的粮食规模经营将在未来应对各种不确定性中更加游刃有余，为实现国家粮食安全提供坚实的保障。

第一，完善多层次的风险保护体系。目前，中国农业风险管理手段相对单一，主要依赖政策性农业保险，且覆盖面较为有限。美国经验显示，一个完善的风险管理体系应涵盖多个层面的保护机制，不仅包括产量、价格，还应涉及收入等的保护，应对的风险类型也应该更加多样。中国应借鉴美国的做法，扩大农业保险的覆盖范围，同时引入更多保护层次，帮助农民应对多种风险。

第二，政策性保险与商业性保险相结合。中国目前的农业保险体系主要依赖政府补贴的政策性保险，商业保险的作用相对有限。美国的经验表明，政策性保险与商业性保险的结合能够更好地满足农民的多样化需求。中国可以考虑鼓励商业保险公司进入农业领域，推出更多定制化的保险产品，提供更具针对性的保障。同时政府加强对商业保险的引导和监管。

第三，推动农业保险市场化运作。美国的农场风险管理体系依托成熟的市场机制，农民可以根据自身需求选择适合的商业保险产品。中国可以借鉴这一经验，推动农业保险的市场化运作，引导金融机构和保险公司进入农业保险市场。通过市场机制的引导，提供更多的农业金融工具，帮助农民降低生产风险。保险公司和金融机构可以借助大数据、人工智能等现代科技手段，提升对农业风险的预测和管理能力，精准评估农民的风险情况，为其提供个性化的保险方案。

第四，政府在风险管理中的主导作用。在美国，政府通过政策性保险和灾害援助计划，为农民提供了强有力的支持。尤其在应对自然灾害等不可控的风险时，政府提供的补贴和援助能够有效降低农场主的负担。中国政府同样在农业风险管理中起到了主导作用，但未来可以进一步加大对农业风险管理措施的补贴力度，特别是在极端天气和气候变化日益严重的背景下，确保农民的基本收益。此外，政府可以在政策设计上进行创新，为农民提供长期的稳定保障。这有助于减轻农民对短期风险的过度依赖，同时增强农业生产的可持续性。

第五，加强农业基础设施建设和技术支持。美国农场管理在应对自然灾害和气候变化带来的风险时，依赖先进的农业设施和技术支持。精准农业、气象监测、现代化灌溉系统等技术手段在美国得到了广泛应用，帮助农民降低了生产中的不确定性和自然风险。中国在推进农业现代化的过程中，可以借鉴美国的做法，加强农业基础设施建设，特别是灌溉、防旱、抗洪、储存和烘干等设施。这些基础设施的完善将显著提升农场主应对极端天气的能力，减少损失。同时，中国还应加大农业技术的研发和推广力度，支持农民应用现代农业科技手段，提高农作物的抗灾能力和产量稳定性。

第六，发展收入稳定保障机制。美国有专门的收入保护政策，帮助农民在市场价格或产量波动较大的情况下，维持长期稳定的收入。这种机制不仅着眼于短期风险应对，还考虑了长期收益的稳定性。中国可以引入类似的机制，帮助规模化农场主在面对市场不确定性时维持稳定的收入水平。例如，可以在现有的政策性保险基础上，进一步发展健全基于收入和价格的保险产品，并制定长期性保障政策。这种收入稳定保障机制不仅能够提高农场主的抗风险能力，还能够增强其对于未来农业投资的信心。

第七，提高农民风险管理意识与能力。美国的农场主具备较强的风险管理意识，并能够通过选择适当的保险和金融工具来降低生产风险。相比之下，中国许多农民的风险管理意识较为薄弱，对现代农业保险和风险管理工具的了解有限。因此，中国可以通过加强农业保险知识的宣传和培训，提升农民对农业风险的认识，帮助他们更好地选择适合自身需求的保险产品。此外，政府和农业部门可以通过组织培训班、开展示范项目等方式，提升农民的风险管理技能，使其能够有效应对自然灾害、市场波动等不确定因素。

第八，区域差异化政策的制定。中国农业生产区域差异大，不同地区面临的自然风险和市场风险不尽相同。美国的农业风险管理体系能够根据不同的区域特点，提供定制化的保险方案和风险管理工具。中国在设计农业风险管理政策时，应该充分考虑不同地区的农业特点和风险因素，制定差异化的政策措施。针对北方地区的旱灾和南方地区的洪涝灾害，分别设计对应的保险产品和补贴政策；针对不同作物和种植模式，制定适合的风险管理工具，以确保农业生产的稳定性。

第九章

结论与建议

本书分析了中国粮食规模户在确保粮食安全上的地位和作用，以及面临的挑战和风险。基于面上微观数据和典型案例，刻画了中国粮食规模户在过去一段时间内农业政策和市场环境下的经营行为、面临的风险以及应对行为。同时，深入分析了美国农场的风险管理措施，为中国粮食规模户的风险应对提供了借鉴。

一、 主要结论

粮食规模户是确保国家粮食安全、推动农业转型升级和推进乡村全面振兴的关键群体。规模户可以通过集中连片的土地经营提高农业生产效率和粮食产量。在应用现代农业科技、推广绿色种植技术、提升农产品质量和竞争力等方面，规模户也发挥着示范引领作用。

基于四期微观面板数据，以玉米收储制度改革为切入点的描述性统计和实证分析表明，收储制度改革对规模户的经营行为产生了显著影响，导致种植面积和投资均显著下降。规模户在改革后表现出经营规模的动态调整，部分规模户选择退出或减少经营规模，而另一些则逆势加码。实证分析发现，收储制度改革导致规模户玉米种植面积显著减少，且这种影响随时间推移有增强趋势。规模户的农业固定投入和兼营畜牧业能够在一定程度上抵御改革带来的负面冲击。

社会化服务在帮助粮食规模户应对生产风险、提高生产效率方面发挥了关键作用。通过技术支持、农机服务、金融保障、农资供应以及市场营销等多层次的服务，社会化服务体系为粮食规模经营者提供全方位的保障。规模户通过借助社会化服务体系，可以有效应对规模化经营中面临的技术、机械、市场等多方面的挑战，提升生产效率，降低风险。同时，粮食规模户可以通过提供社会化服务，实现多元化经营，提高经营韧性。

基于追踪调查的典型案例，分析得到粮食规模户在面临市场和政策变动时表现出不同的应对策略，其中一些规模户通过调整种植结构、采用新技术和参与社会化服务来维持和增强其市场地位。规模户的持续经营受到多种因素的影响，包括经济收益、个人情感、市场潜力和政策支持等。在复杂的经营环境下，很多规模户仍然坚持粮食生产，对未来仍抱有希望，同时期待更多的政策支持。

美国农场的风险管理体系较为成熟，涵盖价格、产量、收入等多个层面的保护机制。农场主可以采取一系列自发行为，尽可能降低风险暴露和风险冲击损失。但政府支持政策是农场主应对风险的主要措施。美国的农场风险管理系统依托于政府和市场的协同运作。通过这种协作机制，政府能够有效调节市场运作，确保农业风险管理体系的稳定性和持续性。

二、政策建议

第一，重视收储制度改革后粮食规模经营的新风险。收储改革对家庭农场生产经营的影响主要是通过风险机制来实现，规模户所处的生产经营环境与之前差别较大，风险控制能力还比较弱。尤其近年来，规模户的生产经营环境也在相应变化，土地流转、兼业经营、社会化服务等外部条件与原来有较大差异，都会影响政策效应识别，需要系统研究规模经营的各类风险。

第二，多措并举增强粮食规模户经营的稳定性。建立全方位的支持手段，增加规模种植户专属补贴，提高保险和信贷支持力度。确保补贴与直接生产者挂钩，根据种植大户的需求，加大保险保费补贴力度，降低种植风险。在完善粮食作物完全成本保险和收入保险试点基础上，持续深入推进种粮保险"扩面、提标、增品"。加大对新型经营主体贷款贴息、融资担保等扶持政策。支持发放种粮中长期贷款，对中长期的贷款给予税收减免、财政贴息、融资担保等扶持政策。

第三，创新增量补贴方式，提高补贴精准度。在增量补贴的设计中，应当尽可能规避其与土地租金的联动关系。生产者补贴与种植面积挂钩，其与土地租金的联动关系是经济规律，无法完全消除。新的补贴手段可以考虑与生产技术模式打包、与新型经营体系相对接的思路。设立专门补贴用于实现绿色高效生产技术、良种良法等，设立规模经营主体、社会化服务主体专属补贴项目。这样的设置方式，不仅有利于规避补贴与租金的直接关系，而且能够促进粮食生产技术升级、生产效率提高。

第四，提升农业科技水平，改善农业基础设施，加强农业信息服务。为了帮助粮食规模户提高生产效率和市场竞争力，政策制定者应该推动农业科技的进步与普及。组织定期的技术培训班，邀请农业专家现场指导，帮助规模户掌握现代农业技术的应用方法。在信息服务方面，可以构建农业大数据平台，实时提供气象信息、市场价格、病虫害预警等关键信息，使规模户能快速响应市场变化，优化生产决策。同时，改善农业基础设施也是提升生产效率的关键环节。政府可以加大投资力度，建设高标准农田，完善农田水利设施，提高农业抗灾能力，从而稳定粮食产量。

第五，关注规模户的可持续发展问题，鼓励兼业经营，通过从事养殖业、加工业等活动获得额外收益，以此来弥补种植业收入不足，并形成互补关系，增强抵御市场波动的能力。鉴于农业种植业存在较大的市场风险，政策制定者应鼓励规模户多样化经营，比如开展畜禽养殖、农产品加工、休闲观光农业等业务。通过这些非种植业活动，规模户可以在种植业收入下降时，依靠其他领域的收入来平衡财务状况，降低整体经营风险。政府可以出台相应的扶持政策，比如提供技术培训、贷款贴息、税收减免等，降低兼业经营的门槛。此外，通过建设农业合作社，组织规模户共享资源，共同开拓市场，形成规模优势，提高议价能力和市场竞争能力。

参 考 文 献

[1] 卞文志. "毁约弃耕" 应引起重视 [J]. 农家顾问, 2015 (11)：25 - 26.

[2] 蔡昉, 王美艳. 从穷人经济到规模经济——发展阶段变化对中国农业提出的挑战 [J]. 经济研究, 2016, 51 (5)：14 - 26.

[3] 蔡海龙, 马英辉, 关佳晨. 价补分离后东北地区玉米市场形势及对策 [J]. 经济纵横, 2017 (6)：88 - 94.

[4] 陈传波, 丁士军. 对农户风险及其处理策略的分析 [J]. 中国农村经济, 2003 (11)：66 - 71.

[5] 陈洁, 罗丹. 我国种粮大户的发展：自身行为、政策扶持与市场边界 [J]. 改革, 2010 (12)：5 - 29.

[6] 陈洁, 罗丹. 种粮大户：一支农业现代化建设的重要力量 [J]. 求是, 2012 (3)：32 - 34.

[7] 陈卫洪, 谢晓英. 气候灾害对粮食安全的影响机制研究 [J]. 农业经济问题, 2013, 34 (1)：12 - 19.

[8] 陈锡文. 创新农业经营体系 "两条腿" 走路是重中之重 [J]. 农村工作通讯, 2016 (22)：39.

[9] 丁冬, 杨印生. 我国粮食生产经营风险及安全保障策略研究 [J]. 经济纵横, 2018 (2)：113 - 118.

[10] 丁声俊. 玉米收储制度改革的进展及深化改革的措施 [J]. 价格理论与实践, 2017 (3)：5 - 9.

［11］冯小. 新型农业经营主体培育与农业治理转型——基于皖南平镇农业经营制度变迁的分析［J］. 中国农村观察, 2015 (2)：23 – 32 +95.

［12］高强. 理性看待种粮大户"毁约弃耕"现象［J］. 农村经营管理, 2017 (4)：1.

［13］顾莉丽, 郭庆海. 玉米收储政策改革及其效应分析［J］. 农业经济问题, 2017, 38 (7)：72 –79.

［14］关付新. 华北平原种粮家庭农场土地经营规模探究——以粮食大省河南为例［J］. 中国农村经济, 2018 (10)：22 –38.

［15］管建涛, 王建. 玉米收储改革开局观察［J］. 瞭望, 2017 (5)：16 –17.

［16］韩长赋. 深刻领会习近平总书记重要讲话精神 扎实推进农业供给侧结构性改革［J］. 农村工作通讯, 2017 (19)：5 –9.

［17］韩俊. 以习近平总书记"三农"思想为根本遵循实施好乡村振兴战略［J］. 管理世界, 2018, 34 (8)：1 –10.

［18］江激宇, 张士云, 李博伟, 等. 种粮大户经营风险感知机理与实证检验［J］. 西北农林科技大学学报 (社会科学版), 2016, 16 (4)：123 –130.

［19］江激宇, 张士云, 李博伟, 等. 种粮大户扩大农地规模意愿存在盲目性吗?［J］. 中国人口·资源与环境, 2016, 26 (8)：97 –104.

［20］姜长云, 席凯悦. 关于引导农村土地流转发展农业规模经营的思考［J］. 江淮论坛, 2014 (4)：61 –66.

［21］姜长云. 支持新型农业经营主体要有新思路［J］. 中国发展观察, 2014 (9)：61 –65.

［22］蒋钊. 防范"毁约弃耕"需要内外兼修［J］. 农村工作通讯, 2017 (6)：39.

［23］孔荣, Turvey C G. 中国农户经营风险与借贷选择的关系研究

——基于陕西的案例 [J]. 世界经济文汇, 2009 (1): 70–79.

[24] 李国祥. 深化我国粮食政策性收储制度改革的思考 [J]. 中州学刊, 2017 (7): 31–37.

[25] 李娟娟, 黎涵, 沈淘淘. 玉米收储制度改革后出现的新问题与解决对策 [J]. 经济纵横, 2018 (4): 113–118.

[26] 刘慧, 秦富, 赵一夫, 等. 玉米收储制度改革进展、成效与推进建议 [J]. 经济纵横, 2018 (4): 99–105.

[27] 刘文霞, 杜志雄, 郜亮亮. 玉米收储制度改革对家庭农场加入合作社行为影响的实证研究——基于全国家庭农场监测数据 [J]. 中国农村经济, 2018 (4): 13–27.

[28] 吕亚荣, 陈淑芬. 农民对气候变化的认知及适应性行为分析 [J]. 中国农村经济, 2010 (7): 75–86.

[29] 罗振军, 于丽红. 种粮大户融资需求意愿及需求量的差异分析 [J]. 华南农业大学学报 (社会科学版), 2018, 17 (3): 93–106.

[30] 马小勇. 中国农户的风险规避行为分析——以陕西为例 [J]. 中国软科学, 2006 (2): 22–30.

[31] 宁国强, 兰庆高, 武翔宇. 种粮大户正规信贷供需规模影响因素及贡献率测度——基于辽宁省 582 户种粮大户调研数据的实证分析 [J]. 农业技术经济, 2017 (6): 88–96.

[32] 钱克明, 彭廷军. 我国农户粮食生产适度规模的经济学分析 [J]. 农业经济问题, 2014, 35 (3): 4–7+110.

[33] 钱克明, 彭廷军. 关于现代农业经营主体的调研报告 [J]. 农业经济问题, 2013, 34 (6): 4–7+110.

[34] 任晓娜. 种粮大户经营状况与困境摆脱: 五省 155 户证据 [J]. 改革, 2015 (5): 94–101.

[35] 王德福, 桂华. 大规模农地流转的经济与社会后果分析——基

于皖南林村的考察［J］. 华南农业大学学报（社会科学版），2011，10（2）：13-22.

［36］王阳，漆雁斌. 农户风险规避行为对农业生产经营决策影响的实证分析［J］. 四川农业大学学报，2010，28（3）：376-382.

［37］王振华，李明文，王昱，等. 技术示范、预期风险降低与种粮大户保护性耕作技术行为决策［J］. 中国农业大学学报，2017，22（8）：182-187.

［38］伍振军，周群力，叶兴庆. 把握好粮食去库存与稳产能的平衡［J］. 发展研究，2018（8）：11-15.

［39］武舜臣，王金秋. 粮食收储体制改革与"去库存"影响波及［J］. 改革，2017（6）：86-94.

［40］肖娥芳. 农户家庭农场经营风险认知状况及其影响因素研究［J］. 商业研究，2017（3）：175-182.

［41］徐刚. 适度规模才是种粮增收保障——由种粮大户"毁约弃耕"引发的观察与思考［J］. 农村经营管理，2017（3）：34-35.

［42］徐鸣. 牢牢守住粮食安全底线 推进粮食供给侧结构性改革［J］. 中国经贸导刊，2017（3）：13-19+40.

［43］杨俊，杨钢桥. 风险状态下不同类型农户农业生产组合优化——基于 target-MOTAD 模型的分析［J］. 中国农村观察，2011（1）：49-59.

［44］杨磊，徐双敏. 中坚农民支撑的乡村振兴：缘起、功能与路径选择［J］. 改革，2018（10）：60-70.

［45］杨慕义. 草地农业系统研究中的农户决策行为分析——农户期望值—基尼均差风险决策模型［J］. 草业学报，1999（1）：73-80.

［46］杨宇，王金霞，黄季焜. 极端干旱事件、农田管理适应性行为与生产风险：基于华北平原农户的实证研究［J］. 农业技术经济，2016（9）：4-17.

[47] 叶明华，汪荣明，吴苹. 风险认知、保险意识与农户的风险承担能力——基于苏、皖、川3省1554户农户的问卷调查 [J]. 中国农村观察，2014（6）：37-48+95.

[48] 张红宇. 中国现代农业经营体系的制度特征与发展取向 [J]. 中国农村经济，2018（1）：23-33.

[49] 张磊，李冬艳. 玉米收储政策改革带来的新问题及其应对——以吉林省为例 [J]. 中州学刊，2017（7）：38-43.

[50] 张瑞娟，高鸣. 新技术采纳行为与技术效率差异——基于小农户与种粮大户的比较 [J]. 中国农村经济，2018（5）：84-97.

[51] 张士云，郑晓晓，万伟刚. 销售渠道和收储设施对销售价格的影响——以安徽省种粮大户为例 [J]. 农业现代化研究，2017，38（4）：623-631.

[52] 张伟，郭颂平，罗向明. 风险演变、收入调整与不同地理区域农业保险的差异化需求 [J]. 保险研究，2013（10）：32-41.

[53] 张务锋. 坚持以高质量发展为目标 加快建设粮食产业强国 [J]. 人民论坛，2018（25）：6-9.

[54] 张晓山，刘长全. 粮食收储制度改革与去库存 [J]. 农村经济，2017（7）：1-6.

[55] 张晓山. 促进以农产品生产专业户为主体的合作社的发展——以浙江省农民专业合作社的发展为例 [J]. 中国农村经济，2004（11）：4-10+23.

[56] 张哲晰，穆月英，侯玲玲. 参加农业保险能优化要素配置吗？——农户投保行为内生化的生产效应分析 [J]. 中国农村经济，2018（10）：53-70.

[57] 赵雪雁，赵海莉，刘春芳. 石羊河下游农户的生计风险及应对策略——以民勤绿洲区为例 [J]. 地理研究，2015，34（5）：922-932.

［58］钟一舰，张菱珊，李潇楠. 知觉风险与消费决策关系研究现状及发展趋势［J］. 重庆与世界（学术版），2012，29（3）：15－18.

［59］钟真. 改革开放以来中国新型农业经营主体：成长、演化与走向［J］. 中国人民大学学报，2018，32（4）：43－55.

［60］朱红根，周曙东. 南方稻区农户适应气候变化行为实证分析——基于江西省36县（市）346份农户调查数据［J］. 自然资源学报，2011，26（7）：1119－1128.

［61］朱晓乐. 粮食收储制度改革：动因、成效与展望［J］. 宏观经济研究，2018（4）：119－123.

［62］Ahearn M C, El － Osta H, Dewbre J. The impact of coupled and decoupled government subsidies on off － farm labor participation of US farm operators［J］. American Journal of Agricultural Economics, 2006, 88（2）：393－408.

［63］Ahearn M C, Yee J, Korb P. Effects of differing farm policies on farm structure and dynamics［J］. American Journal of Agricultural Economics, 2005, 87（5）：1182－1189.

［64］Allen D W, Lueck D. The Nature of the Farm［M］. Cambridge, MA：MIT Press, 2003.

［65］Andersson F C. Decoupling：The concept and past experiences［R］. 2004.

［66］Arfa N B, Daniel K, Jacquet F, et al. Agricultural policies and structural change in French dairy farms：A nonstationary Markov model［J］. Canadian Journal of Agricultural Economics/revue Canadienne Dagroeconomie, 2015, 63（1）：19－42.

［67］Bauer P T. The development frontier：Essays in applied economics［M］. Harvard University Press, 1991.

[68] Berger T. Agent – based spatial models applied to agriculture: A simulation tool for technology diffusion, resource use changes, and policy analysis [J]. Agricultural Economics, 2001, 25 (2 – 3): 245 – 260.

[69] Binswanger H P, McIntire J. Behavioral and material determinants of production relations in land – abundant tropical agriculture [J]. Economic Development and Cultural Change, 1987, 36 (1): 73 – 99.

[70] Breen J P, Hennessy T C, Thorne F S. The effect of decoupling on the decision to produce: An Irish case study [J]. Food Policy, 2005, 30 (2): 129 – 144.

[71] Chau N H, De Gorter H. Disentangling the consequences of direct payment schemes in agriculture on fixed costs, exit decisions, and output [J]. American Journal of Agricultural Economics, 2005, 87 (5): 1174 – 1181.

[72] Chen X, Cui Z, Fan M, et al. Producing more grain with lower environmental costs [J]. Nature, 2014, 514 (7523): 486 – 489.

[73] Coble K H, Harri A, Anderson J D, et al. USDA risk management agency review of county yield trending procedures and related topics [R]. 2008.

[74] Defra A. Department for environment, food and rural affairs CSG 15 [R]. The Workshop on Climate Change Research ("Farming and Climate Change: Adapting to the Challenges"), University of Gloucestershire, 2002.

[75] Dercon S, Krishnan P. In sickness and in health: Risk sharing within households in rural Ethiopia [J]. The Journal of Political Economy, 2000, 108 (4): 688 – 727.

[76] Foltz J D. Entry, exit, and farm size: Assessing an experiment in dairy price policy [J]. American Journal of Agricultural Economics, 2004, 86 (3): 594 – 604.

[77] Ghadim A K A, Pannell D J. Risk attitudes and risk perceptions of

crop producers in Western Australia [M] //Babcock B A, Fraser R W, Lek-akis J N. Risk Management and the Environment: Agriculture in Perspective. Dordrecht: Springer, 2003: 147 – 160.

[78] Goetz S J, Debertin D L. Why farmers quit: A county – level analysis [J]. American Journal of Agricultural Economics, 2001, 83 (4): 1010 – 1023.

[79] Goodwin B K, Mishra A K. Another look at decoupling: additional evidence on the production effects of direct payments [J]. American Journal of Agricultural Economics, 2005, 87 (5): 1200 – 1210.

[80] Goodwin B K, Mishra A K. Are "decoupled" farm program payments really decoupled? An empirical evaluation [J]. American Journal of Agricultural Economics, 2006, 88 (1): 73 – 89.

[81] Haggblade S, Hazell P, et al. Agricultural technology and farm – nonfarm growth linkages [J]. Agricultural Economics, 1989, 3 (4): 345 – 364.

[82] Hennessy D A. The production effects of agricultural income support policies under uncertainty [J]. American Journal of Agricultural Economics, 1998, 80 (1): 46 – 57.

[83] Hennessy T, Rehman T. Modelling the impact of decoupling on structural change in farming: Integrating econometric estimation and optimisation [C]. 2006.

[84] Hopenhayn H A. Entry, exit, and firm dynamics in long run equilibrium [J]. Econometrica: Journal of the Econometric Society, 1992: 1127 – 1150.

[85] Hoppe R A, Korb P J. Understanding US farm exits [R]. RES, USDA, 2006.

［86］Huang Z, Pan X D, Wu P G, et al. Heavy metals in vegetables and the health risk to population in Zhejiang, China ［J］. Food Control, 2014, 36 (1): 248 – 252.

［87］Huffman W E, Evenson R E. Structural and productivity change in US agriculture, 1950 – 1982 ［J］. Agricultural Economics, 2001, 24 (2): 127 – 147.

［88］Just R E, Just D R. Global identification of risk preferences with revealed preference data ［J］. Journal of Econometrics, 2011, 162 (1): 6 – 17.

［89］Kazukauskas A, Newman C, Clancy D, et al. Disinvestment, farm size, and gradual farm exit: The impact of subsidy decoupling in a European context ［J］. American Journal of Agricultural Economics, 2013, 95 (5): 1068 – 1087.

［90］Key N, Roberts M J. Nonpecuniary benefits to farming: Implications for supply response to decoupled payments ［J］. American Journal of Agricultural Economics, 2009, 91 (1): 1 – 18.

［91］Kimhi A, Bollman R. Family farm dynamics in Canada and Israel: The case of farm exits ［J］. Agricultural Economics, 1999, 21 (1): 69 – 79.

［92］Kisakalwayo M, Obi A, et al. Risk perceptions and management strategies by smallholder farmers in KwaZulu – Natal Province, South Africa ［J］. American Journal of Nursing, 2012, 112 (3): 28 – 39.

［93］Leathers H D. The market for land and the impact of farm programs on farm numbers ［J］. American Journal of Agricultural Economics, 1992, 74 (2): 291 – 298.

［94］Moss S. Policy analysis from first principles ［J］. Proceedings of the National Academy of Sciences, 2002, 99 (suppl_3): 7267 – 7274.

粮食规模户经营行为调整与风险化解机制研究

[95] Pandey R K, Maranville J W, Admou A, et al. Tropical wheat response to irrigation and nitrogen in a Sahelian environment [J]. European Journal of Agronomy, 2001, 15 (2): 93 – 105.

[96] Pannell D J, Malcolm B, Kingwell R S. Are we risking too much? Perspectives on risk in farm modelling [J]. Agricultural Economics, 2000, 23 (1): 69 – 78.

[97] Piet L, Latruffe L, Le Mouël C, et al. How do agricultural policies influence farm size inequality? The example of France [J]. European Review of Agricultural Economics, 2011, 39 (1): 5 – 28.

[98] Rosenzweig M R, Binswanger H P. Wealth, Weather Risk and the Composition and Profitability of Agricultural Investments [J]. Economic Journal, 103 (416): 56 – 78, 1993.

[99] Rucker R R, Alston L J. Farm failures and government intervention: A case study of the 1930's [J]. The American Economic Review, 1987, 77 (4): 724 – 730.

[100] Serra T, Zilberman D, Gil J M. Differential uncertainties and risk attitudes between conventional and organic producers: The case of Spanish arable crop farmers [J]. Agricultural Economics, 2008, 39 (2): 219 – 229.

[101] Stam J M, Dixon B L. Farmer bankruptcies and farm exits in the united states, 1899 – 2002 US Department of Agriculture [R]. Economic Research Service, 2004.

[102] Stam J M, Koenig S R, Bentley S E, et al. Farm financial stress, farm exits, and public sector assistance to the farm sector in the 1980s [R]. Washington, DC: US Department of Agriculture, ERS, AER – 645, 1991.

[103] Stefan D, Pramila K, et al. Income portfolios in rural Ethiopia and Tanzania: Choices and constraints [J]. Journal of Development Studies,

1996, 32 (6): 850 – 875.

[104] Sumner D A. Farm programs and structural issues [M] //Gardner B L. US agricultural policy: The 1985 Farm Legislation. Washington, DC: American Enterprise Inst. for Public Policy Research, 1985: 283 – 320.

[105] Weber J G, Key N. How much do decoupled payments affect production? An instrumental variable approach with panel data [J]. American Journal of Agricultural Economics, 2012, 94 (1): 52 – 66.

[106] Yaron J, Benjamin M P, Piprek G L, et al. Rural finance: Issues, design, and best practices [R]. Washington, DC: World Bank, 1997.

[107] Zepeda L. Asymmetry and nonstationarity in the farm size distribution of Wisconsin milk producers: An aggregate analysis [J]. American Journal of Agricultural Economics, 1995, 77 (4): 837 – 852.

[108] Zimet D J, Spreen T H. A target Motad analysis of a crop and livestock farm in Jefferson County, Florida [J]. Journal of Agricultural and Applied Economics, 1986, 18 (2): 175 – 186.

粮食规模户经营行为调整与风险化解机制研究